校勘標點

退溪全書

3

특수고전협동번역사업 2차 연도 사업 연구진

연 구 책 임 : 송재소(宋載卲)
책 임 교 열 : 이상하(李相夏)
연 구 원 : 이관성(李灌成), 강지희(姜志喜), 김성훈(金成勳)
　　　　　　서사봉(徐士奉), 조창록(曺蒼錄), 오보라(吳寶羅)
연구보조원 : 장연수(張硯洙)

이 책은 2021년도 정부(교육부)의 재원으로 한국고전번역원의 지원을 받아 수행된 특수고전협동번역사업(난해서) 2차 연도 사업의 결과물임.

This work was supported by Institute for the Translation of Korean Classics - Grant funded by the Korean Government.

校勘標點

退溪全書

3

李滉 著

疏箚
卷6 ~ 卷8

凡例

1. 本書는 社團法人 退溪學研究院에서 간행한 《定本 退溪全書》의 校勘·標點을 따르되, 필요에 따라 수정하였다.
2. 일반적인 이체자 및 관행적인 혼용자는 바로 代表字로 수정하고, 代表字 여부 판정은 韓國古典飜譯院 異體字 檢索 시스템을 準據로 하였다. 《定本 退溪全書》의 분명한 오류를 수정한 경우, 중요한 자구에 차이가 있는 경우, 오류가 의심되는 경우에는 교감기에 그 내용을 밝혔다.
3. 本書에 사용된 標點 符號는 《定本 退溪全書》를 따랐다.

    。 　疑問文과 感歎文을 제외한 文章의 끝에 쓴다.
    ? 　疑問文의 끝에 쓴다.
    ! 　感歎文이나 感歎詞의 끝, 강한 어조의 命令文·請誘文·反語文의 끝에 쓴다.
    , 　한 文章 안에서 일반적으로 句의 구분이 필요한 곳에 쓴다.
    、 　한 句 안에서 並列된 단어 사이에 쓴다.
    ; 　複文 안에서 구조상 분명하게 並列된 語句 사이에 쓴다.
    : 　완전한 引用文의 경우 引用符號와 함께 쓰거나 話題 혹은 小標題語로서 文章을 이끄는 語句 뒤에 쓴다.
    " " ' ' 　직접 引用된 말이나 強調해야 하는 말을 나타내는 데 쓰되, 1차 引用에는 " "를, 2차 引用에는 ' '를, 3차 引用에는 「 」를 쓴다.
    【 】 　원문의 注를 나타내는 데 쓴다.
    · 　書名號(《 》) 안에서 書名과 篇名 등을 구분하는 데 쓴다.
    《 》 　書名을 나타내는 데 쓴다.
    〈 〉 　篇名, 樂曲名, 書畫名 등을 나타내는 데 쓴다.
    (( )) 　癸卯校正本과 續集에서 산절된 것을 樊南本에 의거해 복원한 경우에 쓴다.
    ─── 　人名, 地名, 國名, 民族名, 建物名, 年號 등의 固有名詞를 나타내는 데 쓴다.
    □ 　缺落字 자리에 쓴다.
    ▨ 　毀損字 자리에 쓴다.
    { } 　보충할 글자를 나타내는 데 쓴다.

目次

凡例·4

退溪先生文集 卷六

教咸鏡道巡邊使李浚慶書 … 13

教慶尙道觀察使李淸書 … 14

教黃海道觀察使兼兵馬水軍節度使權應挺書 … 16

甲辰乞勿絶倭使疏 … 17

戊午辭職疏 … 23

戊辰辭職疏【一】 … 29

戊辰辭職疏【二】 … 35

戊辰六條疏 … 40

退溪先生文集 卷七

戊辰經筵啓箚一 … 59

戊辰經筵啓箚【二】 … 61

進〈聖學十圖〉箚【幷圖。】 … 62

　　太極圖說 … 67

西銘 … 70
　　《小學》題辭 … 73
　　《大學》經 … 76
　　洞規後敘 … 79
　　心統性情圖說 … 82
　　仁說 … 84
　　心學圖說 … 87
　　敬齋箴 … 89
　　夙興夜寐箴 … 92

辭免大提學箚子【戊辰八月二十日】 … 95

乞解職歸田箚子【九月二十日】 … 98

乞退箚子【己巳二月二十五日】 … 99

乞致仕歸田箚子一【二月二十八日】 … 101

乞致仕歸田箚子二【二月二十九日】 … 103

乞致仕歸田箚子三【三月二日】 … 104

〈乾卦上九〉講義 … 107

西銘考證講義 … 109

擬上文昭殿議【并圖。】 … 121

擬上追崇德興君議 … 131

退溪先生文集 卷八

辭豐基郡守上監司狀一【己酉九月】 … 139

辭豐基郡守上監司狀三【十二月○第二狀闕。】 … 140

擅棄豐基郡守推考緘答狀【庚戌正月】 … 141

辭免司憲府執義啓【壬子五月二十六日】 … 142

辭免僉知中樞府事狀【乙卯四月】… 143

辭免僉知中樞府事狀二【丙辰四月○此狀雖已草成，恐煩瀆未上。適有副提學召命，遂不果上。】… 144

辭免弘文館副提學召命狀【五月】… 145

辭免僉知中樞府事召命狀【六月】… 147

工曹參判病告乞免狀【戊午十二月】… 149

工曹參判謝恩後辭免啓【十二月】… 151

辭免工曹參判召命狀【己未七月○第一、二狀闕。】… 152

辭免召命狀【辛酉二月】… 154

辭免同知中樞府事狀一【乙丑三月】… 155

辭免同知中樞府事召命狀二【丙寅正月】… 157

辭免同知中樞府事召命狀三【二月】… 158

辭免工曹判書召命狀一【三月一日】… 160

辭免工曹判書召命狀二【三月十四日】… 161

辭免知中樞府事召命狀【七月九日】… 162

禮曹判書謝恩後辭免啓【丁卯八月一日】… 164

再啓【同日】… 164

禮曹判書病告乞免狀一【二日】… 165

禮曹判書病告乞免狀二【五日○第三狀闕。】… 166

辭免同知經筵召命狀【十月二十九日】… 167

辭免召命狀【戊辰正月九日】… 168

召命祗受狀二【正月二十九日○第一狀闕。】… 169

召命祗受狀四【四月七日○第三狀闕】… 170

辭免右贊成乞回納段香狀【五月九日】… 170

乞改正崇品倂回納賜物狀一【五月十九日】… 172

乞改正崇品狀二【七月四日】… 173

乞改正崇品狀三【七月十三日】… 174

判中樞府事謝恩後啓【七月二十四日】… 176

再啓【同日】… 176

弘文館提學謝恩後辭免啓【八月五日】… 177

判中樞府事兼大提學病告乞免狀一【八月八日】… 178

判中樞府事兼大提學病告乞免狀二【八月十二日】… 179

判中樞府事兼大提學病告乞免狀三【八月十五日】… 180

大提學謝恩後辭免啓一【八月二十三日】… 181

再啓【同日】… 182

三啓【同日】… 183

四啓【八月二十四日】… 183

五啓【同日】… 184

六啓【同日】… 184

吏曹判書病告乞免狀一【己巳正月六日】… 185

吏曹判書病告乞免狀二【正月十一日】… 186

吏曹判書病告乞免狀三【正月十四日】… 187

判中樞府事謝恩後辭免啓【正月二十日】… 188

乞致仕狀【四月四日】… 189

辭免校書館、活人署兩司提調狀【庚午正月】… 190

召命祗受狀【二月二十日】… 191

乞致仕狀【四月四日】… 191

辭免召命狀【四月二十六日】… 193

乞致仕狀【九月二十四日】… 194

請趙光祖襃贈啓【戊辰九月○見同上。】… 195

禮曹答對馬島主宗盛長 … 196

禮曹答對馬島主 … 198

禮曹答日本國左武衛將軍源義淸 … 200

問云云【先生十一代孫晩浩家藏。】… 202

退溪先生文集
卷六

KNW001(敎-1)(癸卷6:1右)(樊卷6:1右)

敎咸鏡道巡邊使李浚慶書[1]

王若曰: 夫居安慮危, 所以備倉卒之變; 設險守國, 所以壯捍衛之規, 廟算宜定於平時, 邊事蓋難於隃度。洪惟我國家, 三面受敵, 百年昇平, 而關北一道, 舊爲氈裘之鄕, 迫近豺狼之窟。曩者, 尹瓘之所恢拓, 宗瑞之所經營, 可謂計出萬全, 智無遺策, 猶有如納哈出之猘突疆圉、如李施愛之盜弄潢池, 矧今關防疎虞, 將士解體, 禍伏於不測, 人狃於久安。築城彼域, 或慮危道而輕動; 合防舊堡, 僉謂長策之可行。莫定是非, 有難施設, 則所以按一方之形便, 建萬世之偉績者, 寧可以少緩乎? 予小子謬承丕緖, 德未綏於荒服; 深居九重, 明不見於萬里。欲擧無前之烈, 疇咨有用之材, 惟卿學究天人, 資兼文武。沈機先物, 有數萬甲兵於范胸; 雄略蓋時, 無百二金湯於秦國。自先朝寵擢以遺後, 在沖人中昧而晚知。夷考歷揚, 蔚有風績。可以鎭頹俗, 屹乎若砥柱中流之功; 可以壓醜戎, 隱然如虎豹在山之勢。寔北門鎖鑰之重望, 宜四方屛翰之優爲。肆予煩卿

---

1 壬子年(明宗7, 1552년, 52세) 7월 15일경 서울에서 쓴 것으로 추정된다. 初本에는 〈敎咸鏡道巡邊使李浚慶書【手錄】〉로 되어 있다. 中本의 부전지에 "見手錄,《文藁》" 라고 하였다. 〔編輯考〕 退溪가 쓴 敎書는 3편으로, 庚本에 모두 수록되어 있다. 庚本을 편성할 때 公의 散文의 경우는 기본적으로 문체별로 구분한 뒤 작성 연대순으로 실은 것으로 보인다. 하지만 첫 번째 敎書의 경우 예외적으로 그런 원칙과 관계없이 수록되었다. 이것은《文藁》의 편성 순서에 따른 것, 곧 퇴계 자신이 정한 편성 순서에 의한 것이라 추정된다. 여기에서도 그에 따랐다. 〔資料考〕 이 敎書는《東皋遺稿》(〈咸鏡道巡邊使時敎書〉,〈附錄〉48右~50右)에도 실려 있다. 퇴계의 친필 手本인《文藁》에도 실려 있으나 실물을 입수하지 못한 관계로 對校하지는 못하였다.

以知中樞府事, 充咸鏡道巡邊使。

乃若慶興, 緊我依阹之基, 亟遭圮耿之患, 吾民之舊所粒食, 蕩悉於江陽陵坪; 主將之新欲墾田, 越寄於伊應巨島。始許木柵之姑試, 遽報石城之粗完。視民利, 雖若坻京, 構邊釁, 恐如山嶽。又如白山胡則恣行漁獵, 黃洞城則久廢榛荒, 盍倂夫甫老、寶化兩堡之孤懸, 復建此天作地險萬戶之守禦? 是皆邊將之計畫, 累與廷臣而商量。然而與其臆決於耳聞, 孰若身歷而目驗? 復有蜂蠆竊發, 搶掠我邊氓, 厥罪難容, 可否窮討, 卿其廣咨詢以取捨, 參利害以乘除。旣不可卽鹿以入林, 又不應膠柱而鼓瑟, 庶幾使予無復憂於北顧, 永期息於邊塵。其他節目, 游刃自恢, 綸言可略。階通政, 付卿專制, 罪大辟, 始予稟裁。

於戱! 往盡乃心, 無替予命。至金城而上方略, 不但嘉充國之將謀; 自西川而籌險要, 仍可卜德裕於相業。故玆教示, 想宜知悉。

KNW002(敎-2)(癸卷6:3右)(樊卷6:3右)
教慶尙道觀察使李淸書[2]

王若曰: 王者有下究之澤, 而不能自致於遐方; 匹夫有上籲之情, 而不能自達於懸聽, 事幾無窮, 而難乎獨運; 風俗各異, 而

---

[2] 辛丑年(中宗36, 1541년, 41세) 10월 서울에서 쓴 것으로 추정된다.

欲其同歸。於是乎不有宏才贍智之臣、愛民憂國之弼，訏謨廟堂而心乎公耳，宣布方面而力於周爰，則無以樹國體而成至理，導德意而安遠民。是故，以朝廷爲本源而以郡縣爲支流，視輔相猶股肱而視監司猶耳目，此其內外相資，一體相須，而俱不可不重其任者也。

昔在唐、虞之世，旣隆於都俞吁咈之道，而必有岳牧之咨；文、武之時，旣謹於公孤卿士之官，而尤重於棠芨之化。豈今日之可忽？自先王而已然。予以眇資，纘承洪業，一日二日，念兹在兹。尙昧阜成之規，曾無惠鮮之政，元元疾苦之已極，蒼蒼譴罰之愈嚴。三農被災，四境具禍。

矧伊慶尙一道，新羅故域，島夷隣疆，城邑控引而星羅，民物繁滋而雨集；强呑弱而賦役多弊，詐欺愚而獄訟繁興，古稱難治，今想倍劇。旱魃孔棘而如爐，毒蟲又從而交戕，畝無見於棲糧，人將至於塡壑。狃於割剝，猶慮守宰之多殘；迫於飢寒，亦恐盜賊之或起，而又倭奴積釁，邊圉可虞。罄倉穀，不足以賑飢；無軍儲，曷賴以備患？眷一方而憂惕，簡在廷而詢謀。

惟卿心醇氣和，德懋識遠，弘毅足以大受，厚重足以有容，出納久司於銀臺；平反歷試於京兆。方聳衆望，識時務，固俊傑之宜；允屬予懷，分閫憂，在腹心之寄。故賢勞之獨及，庶民瘼之可蘇。

惟是自嶺以南，風敎之興行，政令之修擧，委巷小民之情僞利病，列郡守宰之勤慢幽明，征稅之不可不均，犴獄之不可不審，一以付卿專制，宜其體予至心。至於放學，雖曰從權，亦當隨宜而敦勸，救荒雖無上策，要在盡心而撫摩。激濁而揚清，雪冤而伸屈，采風謠而或因其俗，察水土而或矯其偏，安而不忘者危; 窮而可懼者變, 務本則穀貴而可蓄; 預養則兵敝而可精。

　卿自知之, 予所言, 特其大者, 予厚望也。卿所務豈止此乎? 毋循故常, 毋取虛美, 其或政有異績, 治有顯能, 亟舉奏來, 以示褒典, 若有弗率弗迪作奸犯科者, 通訓以下, 任卿所裁, 大辟之罪, 稟予以決。於戲! 予旣深於眷注, 故不免臨軒懇惻之況, 卿可篤於奉行, 斯無負攬轡澄清之志。故茲敎示, 想宜知悉。

KNW003(教-3)(癸卷6:5右)(樊卷6:5右)

教黃海道觀察使兼兵馬水軍節度使權應挺書[3]

王若曰: 予惟古者方伯連帥之職, 得專制一方, 宣上德而達下情, 國政之汙隆, 民生之休戚, 於是乎係焉。故舜咨十二牧而四門闢, 周分二陝而王化行, 其責顧不重且大歟! 今之監司, 卽其任也。予以冲眇之資, 嗣先人艱大之業, 夙夜憂惶, 惟不克負荷是懼。思惟正始而出治, 盍亦求賢而圖任? 顧我先王, 聖德神功, 施恩澤于民, 旣歷三紀。所以積累漸摩, 期臻隆古之盛者, 靡不至矣。猶且天災所被, 俗吏所壅, 匹夫匹婦不獲自盡者, 容或有之, 矧伊黃海一道, 地褊民凋, 饑饉荐至, 使命繹騷, 賦役煩重。嗚呼一方, 民力竭矣, 疇咨堪付? 簡在予衷。

3　乙巳年(仁宗1, 1545년, 45세) 1~6월 서울에서 쓴 것으로 추정된다.

惟卿名卿之冑, 峻特之資, 有練達時務之材識, 有擔當大
事之風力。志不苟於通介, 節肯渝於險夷？越自先朝, 播芬顯
要, 應宿天官, 秉簡烏府, 藥階、薇垣、玉署、銀臺, 罄無施而
不宜。予在東宮, 固亦知卿於勸講之日矣。

肆予今用卿爲本道觀察使兼兵馬水軍節度使, 卿其體予至
懷, 懋成乃績。傳不云乎？"民事不可緩也。"王道之大, 本於農
桑；四維之張, 由於衣食。黎民不飢不寒而後, 可以迪彝教崇
禮義, 而治道成矣, 自古臨政願治, 孰不欲務此？上不能澄其
源而令于下, 下不能竭其心而布其澤, 守令之狼貪, 奸吏之蠹
害, 豪右之陵暴。夫用是, 斯民烏得不蕩析流殍而相與怨畔其
上也哉？君舟之覆, 恒在於民巖。肆予冲人永思艱, 以爲人君
祈天永命之道, 誠不外於懷保小民, 卿其念之哉！若夫考績詰
戎之嚴, 獄訟征徭之愼, 使巨細畢擧, 本末不遺, 斯爲無憾於
委任之意矣。通訓以下, 任卿處分, 大辟以上, 稟予裁決。

於戲！在嬻疢而出戒, 予則曷敢以多言？承初政而往宣,
卿可倍懷於靡及, 敬遹予命, 勿替惟休。故茲敎示, 想宜知悉。

KNW004(疏-1)(癸卷6:7右)(樊卷6:7右)

甲辰乞勿絶倭使疏[4]

中訓大夫、弘文館典翰、知製[5]敎兼經筵侍講官、春秋館編修

---

[4] 乙巳年(明宗 즉위년, 1545년, 45세) 7월 27일 이전 서울에서 쓴 것으로 추정된다.
〔編輯者〕退溪가 쓴 疏章은 5편이다. 庚本에 모두 수록되었다. 〔資料考〕이 疏章은

官、承文院參校臣李滉, 誠惶誠恐, 謹上言于主上殿下。[6]

臣伏以人有恒言, 皆曰: "夷狄, 禽獸。" 夫夷狄亦人耳, 乃比於禽獸者, 非固甚言之也。爲其[7]不知禮義, 無君臣上下之分, 而其爲生也, 蚩蚩蠢蠢, 冥頑不靈, 殆與禽獸無異, 故取類而竝稱之爾。故以禽獸畜禽獸, 則物得其性, 以夷狄待夷狄, 則夷安其分。故王者不治夷狄, 《春秋》"錄戎, 來者不拒, 去者不追", 治之以不治者, 乃所以深治之也。若乃執君臣上下之分, 而責禮義名敎之道, 必欲與之辨是非、爭曲直、正逆順, 而後爲快, 則是所謂督禽獸以[8]行禮樂之事, 求以擾其心, 適以逆其性, 不搏則噬矣。苗民叛悖, 大禹征之而猶不服, 頑亦甚矣, 至其舞干羽而來格則受之, 未聞念舊惡而猶拒之也。玁狁內侵, 逼近京邑, 逆已大矣, 及其命將薄伐, 逐出境而已, 未聞較逆順而永絶之也。

往者島夷蛇梁之變, 不過狗鼠之偸耳。旣殺賊徒而却之, 又掃留館而逐之, 國威旣震, 王法亦正。彼乃悝威畏[9]德, 革

《明宗實錄》(권1:26右~29右)에도 실려 있다.〔年代考〕《退溪先生文集考證》에 "案《年譜》·《言行錄》及疏中大意, 皆是乙巳秋事, '甲辰'字, 恐誤。"라고 한 것과《要存錄》에 "甲辰恐誤, 拜典翰, 亦在乙巳。《年譜》乙巳七月, 上疏請許倭人乞和。"라고 한 기록에 의하면 이 疏章은 甲辰年이 아니라 乙巳年 7월에 작성된 것이 분명하다.《明宗實錄》에도 明宗 즉위년인 乙巳年(1545) 7월 27일에 수록되어 있다. 中本에는〈甲辰疏〉로 되어 있고 부전지에 "甲辰乞勿絶倭使疏"라고 하였다.

5 製 : 中本에는 "制"로 되어 있다.
6 中訓大夫……主上殿下 :《明宗實錄》에는 없다.
7 爲其 : 上本에는 "其爲"로 되어 있다.
8 以 :《明宗實錄》에는 "而"로 되어 있다.
9 畏 : 樊本·上本에는 "報"로 되어 있다.

心改過, 指他倭而爲辭, 控大邦而自解, 俛首而祈哀, 搖尾而乞憐。王道蕩蕩, 不逆詐, 不億不信, 苟以是心至, 斯受之而已, 則今之倭奴之請, 若在可許而猶不許, 然則未知何時而可許乎?

夫廷臣之欲拒倭奴者, 其意必曰:"彼罪大矣, 今甫絶而遽和之, 則無以懲[10]其惡, 而有納侮之悔。"是亦似矣, 而有大不然者。昔凶奴冒頓, 圍高帝於平城七日, 孝惠高后時, 單于遺[11]書悖慢, 而高帝厚遺以自脫, 惠帝卑辭以請和。文帝時, 凶奴一入蕭關, 而殺北地都尉, 候[12]騎至雍甘泉, 文帝赫然震怒, 命張相如、欒布[13]等擊之。然至於出塞而後[14]還, 卽遺書約和, 驩然若家人父子之相親。既而, 凶奴背約, 再入雲中, 殺掠甚衆, 烽火通於甘泉、長安。帝又命六將軍, 分屯以備之而已, 月餘凶奴遠塞, 則旋卽罷兵。是數君者, 非不知凶奴之罪大, 而乃與之汲汲連和者, 誠以禽獸之不足與較, 而以生民之禍爲重故也。今以蛇梁竊發之事, 較之於彼, 雖曰同歸於罪, 而輕重則有間矣。若之何不許其自新之路而構禍於吾之赤子乎?

且如唐之突厥合兵入寇, 至渭水便橋之北而請和, 則太宗許之; 宋之契丹大擧入寇, 至澶淵而請和, 則眞宗亦許之。當是時, 突厥有懼心, 契丹已挫氣, 爲二宗者, 豈不知輕許則有

---

10 懲 : 樊本·上本에는 "澂"으로 되어 있다.
11 遺 : 《明宗實錄》에는 "貽"로 되어 있다.
12 候 : 定草本·上本에는 "侯"로 되어 있다.
13 欒布 : 《明宗實錄》에는 없다.
14 後 : 中本의 추기에 "巨字冊本草, 無'後'字, 更詳之。"라고 하였다. 《明宗實錄》에는 없다.

納侮之患而無懲[15]惡之計乎？乃釋然解仇，寧舍陵[16]犯之罪，而與之爲盟好者，何哉？兵凶戰危，以利社稷、安生靈爲急，而禽獸跳梁之故，可置之於度外耳。故自古帝王御[17]戎之道，以和爲先，其不得已而至於用兵者，爲其除禽獸逼人之害，害去則止，何必甚之而生怨以致搏噬之患哉？

抑又有一說焉。與夷狄和親之道，固當有操縱、伸縮、可否之權之勢，而此權此勢，必常令在我，而不可令在彼也。臣亦知朝廷之意以此爲重，而爲是堅拒之議矣。然有罪則絶之，自新則許之，此正權勢之在我而施當其可也。當其可之謂時，何可違也？有其權忘其勢，而無心以處之，則彼必以爲大德，而感悅於其心，相率而投款矣。是所謂化之也，和不足言矣。有虞[18]之於苗民[19]，用此道也，而今日之所當法也。今也不然，操其權挾其勢，固沮其向善之心，而不肯許之，則物我相形，彼此角立，蠢茲小醜，必將大爲怨恨[20]，而啓後日無窮之患矣。邊釁一開，兵連禍結，海波沸騰，鯨鯢陸梁，欲化之則梗化愈甚，欲和之則其權其勢已非專在於我，而或與彼[21]分矣。與其勢分於彼而後求而和之，曷若及其[22]在我而聽彼之祈哀乎？與其毒

---

15 懲：樊本·上本에는 "澂"으로 되어 있다.

16 陵：定草本·《明宗實錄》에는 "凌"으로 되어 있다.

17 御：《明宗實錄》에는 "禦"로 되어 있다.

18 有虞：《明宗實錄》에는 "虞周"로 되어 있다.

19 苗民：《明宗實錄》에는 "苗玁狁"으로 되어 있다.

20 恨：《明宗實錄》에는 "狠"으로 되어 있다.

21 彼：《明宗實錄》에는 없다.

22 及其：《明宗實錄》에는 없다.

民於鋒鏑而後和之, 曷若保民字小而行王道之蕩蕩乎? 此其義理、利害之章章較著者也.

朱文公曰:"金人終始以'和'之一字愚宋, 宋人[23]終始以此自愚." 此則與今日之事大不同. 宋之君臣, 忘不共戴天之讎, 爲偸安一隅之計, 匍匐乞哀於滔天之醜虜, 是其操縱、伸縮、可否之權[24]之勢, 在彼不在我, 而方且甘心聽命. 頤指氣使之不暇, 而日趨於危亡之域, 此當時忠臣義士之所以扼腕而痛心者也. 今也朝廷開一小夷自新之路, 非如宋人自愚之失, 而有虞舜格苗之美, 何苦而不欲之乎?

當今天變現於上, 人事關於下, 大禍重疊, 國運艱否[25], 根本尨陒[26], 邊圉虛疏, 兵耗糧竭, 民怨神怒, 此吾東方何等時耶? 夫太白晝見, 乃兵興之象. 臣聞雖古之聖帝明王[27], 亦不能必其禍難[28]之不來, 但當其未來, 則無自我致之之道, 及其旣來, 則有可以應之之備, 如斯而已. 今欲修人事以應天變, 而絶島夷來朝之望, 是可謂無自我致之之道乎? 開致兵之端, 而欲以應兵象之變, 臣未知其可也. 自我致之而我能應之, 已非謹災之道, 況以今之事勢未必能應之哉? 且國家已與北虜構釁, 安知彼中不有諸酋之桀驁切齒報復而謀犯邊守者乎? 設使南北二虜, 一時俱發, 則樘東而西掀, 衛腹而背潰, 未識國

23　人 : 《明宗實錄》에는 없다.
24　之權 : 《明宗實錄》에는 없다.
25　否 : 上本에는 "丕"로 되어 있다.
26　尨陒 : 中本·定草本에는 "甊扤"로 되어 있고, 《明宗實錄》에는 "捏杌"로 되어 있다.
27　王 : 上本에는 "帝"로 되어 있다.
28　難 : 《明宗實錄》에는 "亂"으로 되어 있다.

家將何所恃而能辦²⁹此乎？此臣之所大憂也。

　　東南，財賦之所出，兵力之所在，尤不可不保。臣愚以謂宜及此時而聽其和，且爲之辭曰"國有大赦，於汝亦不可無鴻恩之及，故特許爾請云云"，以復前日之約，以紓南方之憂，而益修人事於根本之地，以及其餘，無所虧闕，則雖使西北有警，猶可專意於一面之備禦，而無倉卒敗事之患，豈不賢於四散四戰疲於奔命之不給者哉？若如是而夷情反側，尙悍然執兵，以與我從事於邊鄙，則是非自我所致，所謂聖王之所不免，亦當盡吾所以應之者如何耳，吾如彼禽獸何哉？

　　大抵國家之於倭人，許其和可矣，而防備不可以少³⁰弛也；以禮接之可矣，而推借³¹不可以太過也；以糧幣縻其情，無使失望可矣，而不可因無厭之求，贈賂³²之太濫也。諺云："驕子罵母。"夫家人之子，不預防³³檢，則必至於驕，驕而不止，或至於罵，是子雖不子，使子至此，亦父母之過也，況一忤而斥之終身，其可乎？故曰："莫如預檢。"此亦今日之所當講也。

　　臣又聞"人臣無私交，事必有名義。"金安國待倭人過厚，致此輩益肆貪縱，安國不無罪焉。然其意豈在於倭人哉？而彼且妄謂之忠於己而有胡椒之饋，³⁴朝廷許令其家受之，使倭無知

---

29 辦 ： 上本에는 "辨"으로 되어 있다.
30 少 ： 上本에는 "小"로 되어 있다.
31 借 ： 《明宗實錄》에는 "奉"으로 되어 있다.
32 賂 ： 《明宗實錄》에는 "給"으로 되어 있다.
33 防 ： 上本에는 "枋"으로 되어 있다.
34 饋 ： 《明宗實錄》에는 뒤에 小註로【安國嘗爲禮曹判書，接待朝倭，務從款厚，故日本國王，聞安國之死，因來使賻安國以胡椒等物，滉疏及之。非安國實有私交之

而爲此, 正當曉喩而却之。使其³⁵挾詐而爲之, 則其陷於術中, 而爲朝廷之羞, 不亦甚乎? 以本朝之臣, 而勸忠於日本, 此何名何義耶? 若令其家竟受此物³⁶, 則臣恐安國之目, 將不瞑於地下矣。前日臺臣之論, 甚合事理³⁷, 請有以裁之也。

　　臣素有虛羸沈痼之疾, 比來尤劇, 氣息綿³⁸延, 與死爲鄰, 而聞朝廷³⁹絶倭之請⁴⁰, 心竊怪歎, 以爲此事關百年社稷之憂, 係億萬生靈之命, 不可不一言而死, 抱私恨於無窮, 故力疾忍辛, 謹獻此狂瞽之說。伏願殿下以臣此章稟于慈殿, 而更博謀於在廷之臣, 虛心而察邇, 折衷而審處之, 則非愚臣之幸, 乃宗社之幸也。臣無任僭越戰兢激切屛營之至, 謹昧死以聞。⁴¹

KNW005(疏-2)(癸卷6:13右)(樊卷6:13右)

戊午辭職疏⁴²

折衝將軍、前僉知中樞府事臣李滉, 謹齊⁴³戒沐浴, 拜手稽首,

事也。]"가 있다.
- 35 使其: 《明宗實錄》에는 없다.
- 36 物: 《明宗實錄》에는 없다.
- 37 理: 《明宗實錄》에는 "宜"로 되어 있다.
- 38 綿: 《明宗實錄》에는 "緜"으로 되어 있다.
- 39 朝廷: 《明宗實錄》에는 "殿下"로 되어 있다.
- 40 請: 《明宗實錄》에는 뒤에 "蹶然而起"가 있다.
- 41 臣無任 … 死以聞: 《明宗實錄》에는 없다.
- 42 戊午年(明宗13, 1558년, 58세) 윤7월 초순 서울에서 쓴 것으로 추정된다.

上言于主上殿下。臣聞昔先王之用人也, 量才而授任, 大以任大, 小以[44]任小, 大小俱不合者則退之, 一有不幸, 上之人不知而誤用之, 爲士者又必自量其才之不堪, 辭而乞退則聽之。夫朝廷之不枉才如此, 士得行其志又如此, 故大臣無覆餗之譏[45], 小臣無尸祿之愆。賢者在位, 能者在職, 莫不奮忠效力, 以濟治於上, 其不才者, 許其屛處於野, 得以安其分食其力, 亦守其禮義廉恥, 以象治於下, 此隆古之時所以賢愚得所, 禮讓興行, 而治道成也。

苟爲不然, 用人者不量其材[46]之所宜, 以小爲大, 以短爲長, 舛施而強責焉, 雖其人自知其不能, 而却顧辭退, 非惟不聽, 又從而[47]加委重焉, 彼爲士者亦不免於束縛馳驟之勢, 黽勉而當其責矣, 及乎蚊不能負山, 梃不能支廈, 則曠闕之刺、汙賤之恥, 且不暇言, 而誅罰已加乎其身矣。

若是者, 其士之變節而顚踣者, 固可罪, 然使士而至此, 非朝廷枉才之致乎? 非朝廷不聽其辭而強責之故乎? 此叔季之世, 所以枉直倒置, 廉恥道喪, 而政理紊也。

昔<u>孟子</u>告<u>齊</u>宣王曰: "左右皆曰賢, 未可也, 諸大夫皆曰賢, 未可也, 國人皆曰賢, 然後察之, 見賢焉, 然後用之。" 宋儒<u>朱熹</u>氏之言曰: "士大夫辭受、出處之得失, 乃關風俗之盛衰, 尤

43　齊 : 中本·定草本·庚本·擬本·甲本에는 "齋"로 되어 있다.
44　以 : 上本에는 "而"로 되어 있다.
45　譏 : 上本에는 "饑"로 되어 있다.
46　材 : 樊本·上本에는 "才"로 되어 있다.
47　而 : 上本에는 "以"로 되어 있다.

不可以不審。"使二子不知而言則可, 使二子誠知言也, 則聖朝之用人, 豈可不察其賢愚, 不量其當否, 徒以虛名而荐加恩命? 其士大夫亦豈可不度其才德, 不恤其是非, 冒進而妄受之乎?

至如臣之至愚極陋, 病入膏肓之狀, 國人誰不知之? 諸大夫誰不知之? 左右大臣誰不知之? 竊伏惟念, 雖上至於聖鑑之明, 亦已洞照而無隱矣, 其間一二公卿, 容或未及盡知, 而過爲延薦之言, 正當裁自聖察, 斷然勿施, 可也。

顧乃辱賜除召, 前後非一, 不詢輿論, 不聽辭免, 使朝失擧錯[48]之宜, 國無賢愚之別, 此臣之所大惑也。臣之無狀, 自知其不足厠於常流, 而誤恩之加, 沓至於臣身, 以致傳笑四方, 貽譏後世。若又進而受之, 則前有貪冒欺罔之罪, 後有不勝其任之敗, 其爲聖治之累、士風之壞, 詎有極乎? 此又臣之所大懼也。

且臣未謝樞府之命, 今三年於此矣。世之人多不諒臣, 或謂其傲世自逸, 或疑其矯飾求名, 或責以臣子之義不當稽命, 或譏以愚下之人妄託古義。

臣亦知愛臣者少[49], 憎臣者多。[50] 臣以孑然一身, 當衆口之叢, 臣之危甚矣。雖然, 臣之情實, 自在京辭職與在外辭召命之日, 固已極力陳之, 庶幾得蒙天心之俯察, 而時論之末, 亦

---

48 錯 : 上本에는 "措"로 되어 있다.

49 少 : 上本에는 "小"로 되어 있다.

50 愛臣……者多 : 《要存錄》에는 이에 대해 다음과 같은 언급이 있다. "謹按家書疏草中, '愛臣者小, 憎臣者多', '愛憎'二字, 多以爲未便, 吾意亦未安, 改爲'是臣', '非臣'爲可云云。"

以爲永棄無害。臣自今年以來, 方覬免於狼狽, 日夜恭俟罷免指揮。不意近者, 竊有聞於道路, 又將復有收錄之意。臣心於此, 惶駭特甚, 無地措躬, 茫然莫測其端。

然而臣伏料廷臣所以有此誤啓之由, 豈不以數年閒處, 病或小愈, 而堪備使令也? 殊不知臣桑楡已迫, 蒲柳先零, 但有增劇, 無復差痊之理也。

若是而臣不自訴, 喑默退處, 以至朝廷遂復失擧, 則臣罪益大, 而臣身尤無所措矣。又恐危淺之命, 或先朝露, 則是臣永抱不能瞑目之憾也。故不得已復形於章疏, 歷數始末而祈懇焉。

臣稟性凡劣, 懵不曉事, 夙嬰疾病, 氣血凋虛, 遂至於沈痼難治。因此失學, 年過三十, 僥幸科第, 中遭喪棘, 加以心疾, 屢瀕[51]死地, 僅而[52]得甦之後, 其患往復, 一有勞煩, 輒復發動, 方寸不安, 其職將何以效匪躬而應世務乎?

以理言之, 自此當不復與於朝班之後, 可也, 猶且貪戀國恩, 遲回歲月, 至于癸卯, 當中廟之末, 犬馬之齒, 四十有三, 而病勢日深, 身爲司成, 不能供職, 因受由而退歸。明年甲辰, 以校理召還, 已而二聖昇遐, 主上嗣服, 哀隕侘傺之餘, 增病艱仕, 丙午之春, 又以司僕正受由而歸。

又明年丁未, 以應敎召還, 戊申, 出守丹陽, 其年換豐基, 己酉, 以久廢邑務, 不得已呈狀徑歸。越三年壬子, 復以應敎

---

51 瀕 : 擬本에는 "頻"으로 되어 있다. 擬本의 교정기에 "'瀕'字, 誤刻作'頻'字。"라고 하였다.

52 而 : 上本에는 "以"로 되어 있다.

召還, 自是而至乙卯, 三數年間, 恩愈加而病愈甚, 每授一職, 率不能堪, 是年二月, 當其辭遞僉知, 未有後命之隙, 抽身下歸。臣非不知此爲未安, 朝廷旣不聽臣寮之辭退, 又連有受由之禁、尸素之責, 欲免無路故也。

歸而才閱月, 有僉知召命, 又明年丙辰五月, 申下前命, 繼又有副提學召旨, 臣惶恐死罪, 皆上狀陳乞辭免未赴, 謹席稿私室, 以俟嚴譴之至。賴殿下寬大如天之恩, 不加誅責, 仍其樞府之除, 復降溫諭, 不限以就職, 臣由是延保殘息, 得至今日。

嗚呼！ 臣雖心病, 不至於狂易妄走, 豈不知享爵祿受恩榮之爲樂哉？臣雖無識, 自少講聞事君之道, 豈不知不俟駕、不俟屨[53]之爲恭哉？其所以苦守一隅, 處群非積疑之中, 而不知變者, 正畏其進大有乖於事君之義也。

何謂義？事之宜也。然則諱愚竊位, 可謂宜乎？病廢尸祿, 可謂宜乎？虛名欺世, 可謂宜乎？知非冒進, 可謂宜乎？不職不退, 可謂宜乎？持此五不宜, 以立本朝, 其於爲臣之義, 何如也？

故臣之不敢進, 祇欲成就一義字而已。人反以義不當稽命責之, 亦異乎臣之所聞矣。求名者必爲利, 傲世者必有挾, 臣之退歸, 得謗盈車, 臣何所利？臣身百病, 枵然無物, 臣何所挾乎？惟妄託古義之譏, 臣所甘心焉。

雖然, 愚下之人, 不師古義以行事, 將益趨於汙下矣, 則臣何以避是名哉？況臣在先王朝, 身比登瀛, 位躋三品, 榮願極

---

53 屨 : 上本에는 "履"로 되어 있다.

矣, 於何不足而敢歸於不當歸乎?

曁于當宁之初, 察臣枉於誅竄之類, 復臣職於太僕之長, 其後, 又再收臣於隴畝之中, 置之淸顯, 加之祿秩, 恩渥至矣, 更有何慊而必退於不當退乎? 周任[54]有言曰: "陳力就列, 不能者止." 夫豈妄言而孔子取之? 愚臣悃悃, 正爲此也。

然壬子以前, 召旨平例, 而臣之筋力, 猶或可支, 故不敢不進, 乙卯以後, 三四下書, 旨意非常, 而臣之愚病, 更甚於前日, 則臣雖欲進, 何可得乎? 夫以大夫之招, 招虞人, 於虞人榮矣, 虞人死執不往者, 貴賤分定, 不敢越也。貴賤尙然, 賢愚獨不然乎? 今朝廷每以賢人之招招一愚臣, 愚臣之怔惑畏縮, 辭避遷延, 豈非分守之當然哉?

顧臣之素行疏鹵, 無足以取信, 故自癸卯至今十有六年, 在京辭遞者十, 除而未謝者四, 退歸田里者四, 在外未謝者六, 乞辭召命者三, 而年垂六十, 百疾纏綿, 枯槁委頓, 昏憒錯謬, 而猶以爲可從王事也? 天日孔昭, 不審如此尙可以從仕乎? 羞恥之心, 人皆有之, 臣豈忍獨無之乎?

臣聞之, 晉朝以王羲之自誓之苦而不復召, 宋高宗以曾幾進退有禮之願而許其退, 本朝英宗皇帝以吳與弼老病不堪供職之懇而聽其歸。古今此類, 不可枚數, 彼其爲是者, 豈臣忘君而君棄臣哉? 然後禮不瀆而義有終也。彼其用捨有關於時者, 尙當如此, 況於愚人, 而可以虛名厚責, 僭加疊授, 愈辭愈堅, 無有了期者乎?

---

54 周任 : 저본에는 "遅任"으로 되어 있는데 《論語》〈季氏〉에 의거하여 바로잡았다.

伏願殿下察臣迂愚, 矜臣癃疷, 循古者退人以禮之義, 許微臣欲免叨竊之願, 亟停前命, 渙降德音。如臣罪不至[55]於鑴罷, 使仍以前除永退田里, 做古人臣致仕之爲者, 庶臣及其未死之前, 得免欺天之罪, 優游平世, 補過守病, 以畢餘生, 則雖死之日, 猶生之年矣。

臣今玆上章, 但知陳私, 而他無一語, 亦臣之罪也。然臣冥行半世, 晩慕糟粕, 而病不自力, 方患於左右矛盾, 不足以充獻芹之誠, 又奚暇妄發而他及哉?

至其所陳, 雖係一己之私, 而實有關於淸朝之士風。蓋非謂微臣之有關, 朝廷所以處之者使之有關, 故不得不瀝血而言之, 惟聖明之裁幸焉。臣無任激切危懇之至。謹上書以聞。

KNW006(疏-3)(癸卷6:20右)(樊卷6:20右)
戊辰辭職疏【一】[56]

資憲大夫、知中樞府事臣李滉, 謹齊戒薰沐, 拜手稽首, 上言于主上殿下: 臣聞古之聖帝明王, 莫不以尊賢任士爲急務。然其所謂賢士必皆正得其人, 而眞取其實, 其所以尊禮招延之擧, 又必度其輕重之宜、大小之差而行之, 未嘗有虛夸舛施之事。

---

55 至 : 上本에는 "知"로 되어 있다.
56 戊辰年(宣祖1, 1568년, 68세) 1월 6일 서울에서 쓴 것으로 추정된다. 甲本·樊本·上本에는 〈戊辰辭職疏〉로 되어 있다. 〔年代考〕《月日條錄》에 의하면 이 疏章은 戊辰年(1568) 1월 6일에 쓴 것이지만, 서울로 올려 보낸 것은 戊辰年(1568) 1월 9일의 일이다.

故上得用賢之實,下無冒進之譏,德業彰而聲聞流,豈不休哉?時君世主苟或徒有好賢之志、樂善之誠,而不思知人之爲難,不問人品之如何,不才不德之人,謬加以招延之勤,虛名欺世之士,遽被之尊禮之儀,則舉枉錯直,而萬民不服,賢愚混淆,而國政日紊,向之好賢樂善之心,由是怠廢,而卒致迷邦之害,同歸於闇主昏朝之所爲,傳笑四方,貽譏千古。嗚呼!可不致謹而輕爲之哉?

　恭惟主上殿下光膺寶曆,入繼大統。方在煢疚,所以恭默思道自貽哲命者,靡所用其極,而稟承文母,疇咨碩輔,發號施令,動合時宜,雪冤伸滯,群賢彙征,于以上答天心、中承先志、下應人望者,可謂至矣。天縱聖質睿學日進,虛心延納,寤寐賢哲,益以敷求于中外,其好賢之志、樂善之誠,雖古之〈緇衣〉、〈白駒〉,何以尙之? 是宜在廷臣僚,將順其美,竭精殫慮,廣詢博訪,惟務正得其人而眞取其實,使斯世果有其人耶,則所以禮之招之,亦必遵用的當之儀,而無虛夸舛施之事,以期實用可也。如或不幸而於外未得其人,則宜只就滿朝賢才中,愼擇其尤者,獎進而委任責成焉,亦靡有不足之嘆也。奈之何計不出此,而乃以不才不德之甚如臣者,苟充其數,專取其欺世盜得之虛名,欲以應聖上側席求賢之意,此則廷臣之爲殿下謀者大繆,而微臣之奉明旨,所以大懼而難進也。雖然,臣之於此,不自陳其欺世盜名之由與凡臣罪過之端,則殿下何從而知之乎? 故臣不避鈇鉞之誅,而敢自直焉。

　臣自少鄙拙愚騃,無鄉曲之譽,而夙嬰疾病,晚出仕路,當中廟朝,濫塵清要,不多年間,已躐躋三品官矣。臣自見立朝以來,無一善狀,恒病難仕,而尸位竊祿,厚負國恩,心甚愧懼。

年過四十，始因事退歸，自始至今，數十餘年，而蒙恩召還者凡五次矣。每一入來，輒復恒病難仕，有甚於前，官守廢闕，身事艱梗。惟有退身食力，爲可以少安愚分，不得已而又至退歸，臣本欲以是苟免罪責而已。臣雖憒憒，豈欲藉此而沽名索價，爲他日希世取寵之資而然哉？

不意世間自有一種浮議之人，徒見臣久處閒地，疑於省愆補過之餘，少變其愚質，猶或可比於人人，乃相與造爲一切空虛之談、不近之名，欺人欺世，輾轉浸淫，遂以上欺於天日。彼爲是者，固無理無謂矣。然皆由小臣處身失當以致之，則臣欺世盜名之罪，何所逃乎？而凡今廷紳舊與臣同朝見臣首末者，孰不知臣之罪？惟是後來一二臣僚，不知其然，而徒欲執虛名以責實用，至以是猥陳於經席之上，其爲欺天，不亦甚乎？

臣又聞宋儒朱熹之言曰：「士大夫之辭受出處，又豈獨其身之事而已？其所處之得失，乃關風俗之盛衰，尤不可以不審也。」故雖以如臣之愚且有罪，其於進退辭受之間，不可以無是非黑白之分焉。

抑臣在先王朝，屢被召命之下。其前之三召也，皆官降其品，別無嫌礙，則臣聞命即行，未嘗有遲疑不進之時矣。惟其後之兩召也，或將陞秩而擬重責，或已陞秩而授重任，以臣之菲材瑣力，如蚊負山，決知其不能堪矣。非但此也，本辭其小，而卒乃階小以受大；本乞罷退，而竟至因退而媒進。其事之詭詐叨濫，有甚於古之所謂巧宦、捷徑之爲者。

臣以區區危懇，不得不極力辭免，竝至四五，而天聽愈邈，誠未上格，一以下旨切責，不得已而進得工曹參判，再以他事促召，又不得已而進受知中樞府事，則向之所謂辭小受大，以退媒進之非，臣自言之，而臣反蹈之，甘心靦顏，而不知爲恥。揆以古人辭受之義，臣之不爲清議所容審矣，此又臣之罪也。而況臣去年入都，遭變罔極，攀號累朔之餘，賤疾遽劇，勢將難救，禮判除授，不能供職，實於辭免之日，乞致仕歸田，而未蒙允可。臣之妄意以謂長年病退，纔入而又病不職，無狀如此，是其於匪躬之地，義旣不展，則獨有退身一義，灼然明甚。是以山陵在前，不能留待，乘遞職無官之隙，而率爾徑歸。雖以如臣之昧識，亦極知未盡於臣子之常分矣。

然而臣伏睹杜氏《通典》奔赴君喪條，有"先聞先還，後聞後還"之語，則外臣奔赴者，似未必皆待葬畢而後歸也。若臣者受先朝寬大之恩，得退在外者，前後十五六年於茲。至於遇變之後，病廢臣職又若是，雖欲強自附於在朝諸臣夙夜展力之列，以盡常分，其道末由，而尸居病坊，負罪負恩，久猶不去，其罪愈大。

當此之際，爲臣計者，舍先歸後歸之例外，更無他術可以變通而兩全，則臣之妄歸，其亦理極義變，出於迫不得已也，而一時物情，固所咸怪，訛論煩興，訾責沓至，或以爲好名，或以爲佯病，或比於山禽，或斥爲異端，是則臣以爲臣失道，獲罪時賢大矣，更將何道可以當聖眷而爲時用乎？昔孟子告齊宣王曰："左右皆曰賢，未可也；諸大夫皆曰賢，未可也；國人皆曰賢，然後察之，見賢焉，然後用之。"今茲之舉有異於是，不咨於左右，不謀於諸大夫國人，而獨采一二臣之誤啓，以有此命。凡臣所有欺世之虛名、媒進之賤行、負國之深罪，皆無由下察焉，而強名之曰賢，至用旌招之禮以招之。臣自顧一身，但有三釁之積，而無一寸之長，宦達病廢之餘蹤，又非隱淪抱負之特起，臣以何名何義，任然承當，而冒進於闕下哉？臣非不願進也，而所進之路，非所敢進也；非不願入也，而所入之門，非所敢入也。臣雖冒恥而敢進，其如傳笑四方與貽譏千古何哉？

且微臣之在先朝末，所以昧萬死不敢進者，正以其恩太厚、責太重，非庸末小臣所敢當故也。而今者一二臣之爲殿下謀，乃更勸用先朝所不用之禮以加之，豈不以臣爲意望無厭，猶懷不滿於先朝之恩眷而不來，今須示之以加厚之意，若將有以大滿其志而後可致耶？夫非賢而敢自賢，妄應招賢之禮而往，已滿而猶不滿，必至大滿而後乃足，此何等冒罔無忌憚小人之尤甚者也？若臣實有是心，聖朝取之之意何在？實無是心，則朝廷禮意之益厚，乃小臣進途之益阻也。臣進益阻，而朝命不止，則其勢必至於獲戾犯科，危身辱國而後已焉，則臣之於此，怵迫窘蹙，爲如何哉？

臣伏聞先王之世，愚下之臣，處之既當其分，其所不能，不使强爲，老病之臣，又必聽其致仕，俾無瘝曠，以養廉恥。此天地生成之恩，君仁臣義，胥盡其道，實亦聖世之高致，清時之美風也。

今臣以愚陋妄庸之資，本宜進處下僚，退伏民伍，乃其分也，而加之以病入膏肓，積成沈痼，強壯之年，尚不能從仕。今則犬馬之齒六十有八，尫瘁癃殘，昏眩茫昧，更甚於八九十歲人，今不記昨，夕已忘朝，一言未終，頓失首尾，一事當前，渾迷前後。使臣在朝而若此，猶當乞骸致仕，如恐不及，矧可既退而復進乎？今日若進而可仕，往年何以每進而每不得留乎？去年亦豈至於辜恩而徑退乎？合前後而皆若是，今雖或不免而一進，亦祇有求退一事而已，復何有益於國事乎？

幸今臣賴天之靈，自知不堪，而苦乞休罷。如蒙聖朝矜憫愚誠，快從其願，而以禮退之，庶可因此而自贖其前日欺天之罪矣。或者朝意不以舜施爲不可，仍遂強其所不能，使之顚頓狼狽，以上溷於清明之政，則其所以取笑四方、貽譏千古者，豈獨臣一身而已哉？

殿下如不以臣言爲信，伏請試以臣所自陳者，歷問于左右輔弼之臣與諸大夫、國人，兼所以處臣之宜。凡厥諸臣見臣首末，知臣不肖之狀者，十而八九，誰敢有內懷咎責，而外假慫恿，昔則嗤鄙，而今反揄揚乎？必能不揜其實，直斥而顯白之。如是則凡臣之種種罪過，可以昭然畢達於聖鑑之明矣。如此則前者一二臣僚謬啓引重之辭，自歸於虛誕而不可行矣。中間誤下絲綸之言，又豈可辱在草野而不爲之所乎？

臣於頃者，旣蒙停待日溫之旨，感戴再生之恩矣。竊伏惟念上天覆物，無微不育，螻蟻悃愊，有訴必達。茲敢冒昧瀝血，仰陳懇迫之情。

伏願聖上稟承于慈殿，益推此意，以終大造，寬虞人不至之誅，考先王退人之禮，先須收還誤下之綸言，仍罷召命，而改圖于朝野，必求正得其人，而眞取其實，以畢聖朝求賢之美意，亟令該曹，申擧致仕之盛典，許臣乞骸之請，俾臣進退顚沛之餘，庶幾猶及獲免罪戾，收召魂魄，生而反本，爲康衢祝堯之民，死而瞑目，遂結草酬恩之願。此非愚臣之幸也，乃聖朝擧措服民之道也，而求賢得賢，於是乎可幾矣。干冒宸嚴，臣無任殞越惶戰席稿俟命之至。臣滉昧死再拜謹言。

KNW007(疏-4)(癸卷6:28右)(樊卷6:28右)

戊辰辭職疏【二】[57]

資憲大夫、前知中樞府事臣李滉，謹齊戒昧死，拜手稽首，上書于主上殿下：臣自前年十月，至今年二月之終，凡七被聖旨，皆緣召除之故。臣極知無狀不足以塞厚望、應明旨，故每一命下，輒露丹悃，狀啓疏陳，乞賜罷免，而誠未上格，兪音尙閟。臣以老病昏迷，又不能奔走闕下，謝恩供職。臣罪當萬死，甘伏常刑，而聖恩包含，久未有指揮，臣不勝感祝憂惶之至。今者復以衷私所激，迫不得已而敢瀆宸嚴，更陳危懇，庶幾天日之明，有所矜憐而俯察焉。

　臣竊謂：古先哲王所以能得一世之人才而善用之者無他，以其擇之審而處之當故也。蓋天下人才之品有大有小，大者不可以爲小，小者不可以爲大也。先王知其然，故必謹審而擇之，難愼而處之，爵命之加各隨其才品，官職之等視此爲高下，大以處大，則必須歷試然後乃可，小以處小，則未嘗越分而僭授，其不才者，黜而去之，不使參錯於庶位，此先王之所以能用人而致太平也。

　雖然，當是時，豈惟人君之用人如此？其臣之進爲世用者，尤極其審處之道。大者之受大，小者之處小，莫不自度其能否

---

[57] 戊辰年(宣祖1, 1568년, 68세) 3월 10일 서울에서 쓴 것으로 추정된다. 上本에는 〈戊辰辭職疏〉로 되어 있다. 〔年代考〕《月日條錄》에 의하면 退溪가 이 疏章을 쓴 것은 戊辰年(1568) 3월 10일이지만 서울로 올려 보낸 것은 戊辰年(1568) 3월 12일의 일이다.

而後就之，故曰："量而後入，不入而後量也。"其或不幸而有不堪之命，則臣有辭退之路，君有聽許之恩。是以下不得罪於上，上無失舉於下。凡爲是者，莫非至當之理、不易之則，君臣胥盡其道，以之相待而相成者也。

苟爲不然，君不審處，舉大以强委之小，臣不審處，抗小而竊據其大，亦或當辭而不知辭，當許而不遂許，則上之必有以受覆餗之敗，下之必有以致負乘之寇。至於此而後，雖欲悔之，亦無所及矣。

臣前此伏蒙教書，引喩以程子、朱子急趨君命之義，頃日下旨，又有"勿以進退爲嫌，速來"之教。臣聞命震越之餘，竊伏惟念，亦有所大疑於其間，臣不得以不白也。

夫人臣得君之召命，苟無嫌礙於辭受之義，則進趨之急，不容少緩，如程子、朱子之於當日，有可進之道，無可辭之嫌，則安得不爲之汲汲然以進乎？故其言如此矣。然而執二子一時之言，而揆他日所處之事，其所不然者尤多，何也？其於辭受之間，有小嫌礙，則進退之際，決不可以不計其嫌也。是以程子之前後辭官者九，其終不就者三；朱子之辭召命者凡十，辭官與辭堂促者，無慮五六十有餘，其終不就者八。夫以二子任斯道之責，富經綸之業，元祐之政，乾、淳之治，自三代以下鮮有其比，而二子乃如是，夫豈不義而二子爲之哉？誠以爲當辭受而不辨禮義，處進退而不問可否，則失其本心，而道爲之廢，故不得已而然耳。

非但二子之爲然，司馬光之於樞密副使，范鎭之於門下侍郎，皆固辭不拜。劉宰之去也，七除官而一不至，崔與之之歸也，三登擢薦下召，而率皆力辭，末復爲之十三疏而終不起。

是數君子者，豈忘君臣之大義，而好爲詭異之行，以取廉潔之名哉？君之使臣，有時而不可強也；臣之事君，有時而不敢徇也。此等之事，古人視之如飲食裘葛然，躬行者不以危憂，見聞者不爲駭異，良史書之於策，以垂後世者，此豈無所見而然哉？其必有大關於名敎之中故也。

抑臣之引諸賢而爲言者，徒以對揚敎書之意云爾。若以微臣之事言之，以至愚極陋之資，抱長年沈痼之疾，空疎闇劣，無物可倫。若用先王甄別大小之法，本不當廁在百執事之列，而僥倖入仕，歷試三品，瑣瑣碌碌，一職不辨。小者如此，大者可知。故自懷慙懼，而身始不安於朝，歸農食力，欲以守素分而免吏議而已。

不意因此而賭得虛名，欺人欺世，遂以上欺於天日，致令聖朝眞僞莫辨，誤恩屢加，在臣則方辭本職而退伏，朝命則因其所辭而擢陞，臣又力辭其所陞，而朝復因陞而又陞，二十年來，如是輾轉，至再至三。以言乎勞績，則無一毫之有著；而以言乎職秩，則巍然六卿之列矣。此乃古今天下絶無之事，而爲臣之大慝，心事矛盾，名實蹠盭。臣雖有區區脫免之志，籲天而天無階，控人而人不信，俯仰愧慄，無如之何也，則中心自誓，以爲爲臣而負罪若此，惟有不處其位、不享其利，爲可以洒身贖罪之萬一，此臣所以累被誤恩之後，不得不以退歸爲義，而不敢復爲陳力就列之計也。

當今龍飛九五，萬物欣睹，好賢樂善出於至誠，濟濟廷紳，尤當以先王用人審處之道，奉勸而力行之。顧乃有後來溣見之臣，猥擧臣名，不究虛實，夸張而論薦之，以誤聖上側席求賢之美意。由是聖意攸屬，一向信用於其言，所以召臣與命臣者，荐沓隆重，皆非蟣蝨微臣所敢承當。臣不勝其駭懼隕穫之至，方且陳疏自劾，瀝血披肝，覬蒙恩免，而其疏未達之頃，又有特陞贊成之命，則視臣曾今乞辭之意，其輕重大小、能堪與否，何如也？若以臣辭爲矯情非實，而大官高爵可以爲臣之利，則無乃與聖朝當初過聽而責臣之意，大相反乎？以云云之名，得懷利之臣，徒夸張而竟落虛，又何如也？今夫賭博賤技，一手虛著，全局皆敗，而況新政之於大擧錯，寧可累手虛著而不虞其敗局乎？

臣伏想朝臣之中，爲國忠慮者不爲不多，彼見朝廷擧錯之若是，必爲之扼腕長欷，仰屋竊嘆，而猶不敢爲朝廷深言之者，只緣聖意未免以先入之說，辱垂眷於所不當之地，故群下雷同，不肯表白而斥言之。臣恐子思所謂"國事日非"者，將見於今，而一朝朝廷見臣之果爲匪人如其自陳，則非但臣身與薦臣者得罪，擧朝之臣皆不免有不言之責也。

臣初聞命時，意謂以殿下之明聖，惟不知臣不肖之實，故如此耳。近上一疏數狀之中，竭臣罪釁，殫臣膈臆，豈不得蒙被天恩乎？厥後兩奉下旨，則誤加獎責猶前日也，而凡臣哀苦祝禱之辭，皆未獲徹聞而施行矣。

人皆謂臣曰："進退辭受必以道，乃前賢之事也。汝是何人，敢欲效此？爲今之人，惟知有君命而已。不然，且將得罪。"臣益深惶窘，亟欲扶曳登途，頓撼奔馳，則危證暴發，生死不可知矣。如或不死而至闕下，拜受之餘，百僚之所指，都人之所斥，兀然依舊是數十年來五進六退負國幸恩之一庸人耳，儼然依舊是去年所見疾病委篤受職未行狼狽逃歸之一匹夫耳。莫不忿然嗤之曰："彼何人而屢辱吾君之寵命耶？"

問之朝廷事，則略不知其東西；使之理職事，則茫不見其頭緒。癃瘁之形不可以近耿光，強而進之，則適所以生鄙厭於淵衷；迂僻之學不足以贊聖謨，冒而陳之，則或反以滋疑晦於睿思。以中書爲養病之坊，以政堂爲伴食之所，呈病爲臣之先務，避事爲臣之良策，老馬爲駒之刺必興，蹲池不去之謗又至。然而欲乞骸，則曾無得請之望；欲告老，則未開致仕之路。因仍苟且之際，不爲臺章擊逐而去，則必爲王法絓罹而敗。臣之一身固不足惜，其如辱命損國何哉？

　　臣憫迫之情猶有所未盡，請復以一事爲比而陳之。設有國君好勇，購求能舉重之士，先置所舉之任，自十鈞之輕，以至百千萬鈞之重。每任賞金之數，如其鈞數焉。有人於此，力不能勝一匹雛，而嘗試舉之，此人自知力盡於三數十鈞，而病去之矣。有執虛而告君者曰："某人今可舉烏獲之任。"其君信而招之，使舉五十鈞，則辭曰："病我力屈於數十鈞矣，如五十何？"避而去之。又招之使舉七十鈞，則又辭曰："病！我曾辭五十鈞矣，如七十何？"又避而去之。又招之使舉百鈞之重，則其人自以老病益甚，憋懼益深，方且遁逃辭避之不暇。人有不信其情者告君曰："彼之不來，誠不足而賞薄故也。"於是又盡意而增益之，至於付千鈞之重使舉之。然則爲此人者，將不計糜身之壓、絕脈之患，敢進而受千金之利，爲可乎？抑將却走深匿，而終身不出，爲可乎？夫十鈞之於百鈞千鈞，輕重不啻懸絕矣。安有一人之力少壯而屈於十鈞者，至老病將死，而能勝百千鈞之理乎？此國人之所共見知，非欺罔而規避也。不知減重而就輕，以議其任，而乃反每辭而輒增，以督舉之，不能則將以不恭之罪隨之，不亦冤乎？

微臣之事正類於彼,而所處之關重有甚焉。彼惟勇力之應募,猶不敢不舉任而受賞,若聖朝之於臣,則旣加之以禮義之責,而處之以士君子之道,臣若反以懷巧宦之心,挾市井之謀,不顧前後,專以飾虛冒僞,攬取卿相之位,豈不爲彼逃募勇者之所笑,而壞士風、辱臣節、妨賢路、巉聖治之罪,可勝誅哉?

臣有心氣之疾,甚於他病,積年調治,僅不至於狂易。今自稽命以來,晝夜憂畏煎焦,本病之發恐或至於失性。臣伏惟聖神撫運,如天覆物,物各得所,而臣以螻蟻微喘,獨不得安其分願,蒼黃困迫之情,無處告訴,生則如窮人之無歸,死則抱羞愧而不瞑。

伏願主上殿下曲賜軫惻,渙發德音。臣滉已曾冒受職秩,雖不敢遽望竝褫,見今新授崇品之秩、貳公之職與兼帶經筵,亟令還收成命,仍以前職秩,許其致仕。庶俾喘喘餘息,須臾無死,畢義田間,使四方後代,皆知小才不可以大受,老病不責以職事,卿相之位,不可以虛僞妄得,而仁政之下,果無一物不得其所,則盛德大恩,臣當與四方萬生同其霑洽,而不敢私爲一身之幸也。臣無任望天仰聖激切祈懇之至。臣滉昧死再拜謹言。

KNW008(疏-5)(癸卷6:36左)(樊卷6:36左)
戊辰六條疏[58]

崇政大夫、判中樞府事臣李滉,謹齊戒拜手稽首,上言于主上殿下:臣以草野微蹤,散材乏用,事國無狀,歸鄕俟死。先朝

誤聞, 累加寵命, 逮及當宁, 襲誤愈隆。至於今年春超躐之除,
尤駭聞聽, 臣冒犯雷霆, 辭不敢當, 雖已蒙恩諒察, 獲免負乘,
然品秩不改, 僭越依前。加以臣老疾摧頹, 無一分精力可堪從
仕, 而叨綴崇班, 益慙益懼, 難以久叨非據, 爲聖朝羞浼。顧緣
臣今玆之來, 濫被垂眷, 旣異尋常, 臣雖素昧籌略, 不可不罄
竭丹忱, 思效一得之愚, 而又恐口陳之際, 神茫辭訥, 掛一漏
萬。玆敢因文達意, 掇拾推論, 分爲六條, 冒進于前疑。雖未敢
望有補於涓埃, 或可以少贊黈御之箴否乎!

其一曰: 重繼統以全仁孝。臣聞天下之事莫大於君位之一
統。夫以莫大之統, 父傳於子, 而子承乎父, 其事之至重, 爲如
何哉? 自古人君莫不承至大至重之統, 而鮮能知至大至重之
義, 孝有慙德而仁未盡道者多矣。處常猶然, 其或以旁支入繼
之君, 則能盡仁孝之道者益寡, 而得罪彝倫之敎者, 比比有之,
豈不深可畏哉?

嗚呼! 天無二日, 民無二王, 家無二尊, 喪不二斬。古之聖
人, 非不知本生之恩重且大, 而制爲禮法, 使爲人後者爲之子。
旣曰爲之子, 則仁孝之道, 當專於所後, 而本生之恩, 反不得與
之竝立焉。是以聖人秉義以殺本生之恩, 隆恩以完所後之義。
蓋《易》明致一, 孟戒二本, 權衡所定, 倫則灼然, 而況旁支之
入繼也, 受天命而踐寶位, 宗社之付託 何如, 臣民之仰戴何因

58 戊辰年(宣祖1, 1568년, 68세) 8월 7일 서울에서 쓴 것으로 추정된다.〔資料考〕
《宣祖修正實錄》(권2:7右~10右)에도 실려 있다. 이 疏章은 뒤에〈戊辰封事〉란 제목
으로〈聖學十圖〉와 합본되어 유통되기도 하였다.〔年代考〕《月日條錄》에서는《眉巖
日記》(《眉巖集》권6:21右~左)와《宣宗實錄》(卷2:21右)에 根據하여 退溪가 이 疏
章을 올린 때를 戊辰年(1568) 8월 7일로 추정하였다.

乎？其敢以私意有所反易，而不爲之致隆於所後哉？

恭惟主上殿下以王室至親之重，膺先王豫簡之命，入承大統，天人響合。熒疚克盡於恤宅，愛敬無慊於幹蠱，凡所以繼志述事者，莫非出於至性而由乎中誠。其於仁孝之道，不患其不致隆也。上自廟社之靈，下及臣民之心，固已胥悅而交慶矣。然而心難持於盤水，善難保於風燭。古語云："木腐而蟲生，孝衰於妻子。"

今也殿下之心，如水未波，如鏡未塵，所以仁愛之發，藹然而無閼，孝順之行，純乎其罔間矣。至於異時，耳目之蔽蒙雜陳，愛憎之搖惑竝進，日久月深，事玩情狃。不審殿下之心，於是乎能不受變於外，而卓然主善於中，恒如今日乎？苟能如是，萬受祉而百無憂矣。如或不幸，而聖慮淵衷，一有遷化於彼，則不惟所以承宗廟奉長樂者，動有違慢，人或有乘偏私之罅隙，而以詭經破義之說，慫憑而迎合之，馴致於殺其所當隆，隆其所當殺者，安保其必無乎？此古來入繼之君所以多得罪於彝教，而今日之所宜爲至戒者也。抑臣非敢導殿下以薄於本生也，徒以爲當隆則有聖王之定法如此，當殺則有先儒之定論可師，一隆一殺，卽是天理人倫之極致，一遵乎此，而莫以分毫私意，參錯於其間，然後爲仁爲孝，可得以議矣。

雖然，孝爲百行之原，一行有虧，則孝不得爲純孝矣；仁爲萬善之長，一善不備，則仁不得爲全仁矣。《詩》曰："靡不有初，鮮克有終。"惟聖明之留意焉，則幸甚。

其二曰：杜讒間以親兩宮。臣聞父母之愛其子爲慈，子之善事親爲孝。孝慈之道，出於天性，而首於衆善。其恩至深，其倫至重，其情最切。以至深之恩，因至重之倫，而行最切之情，宜無有不盡者, 而或至於孝道有缺, 慈天亦虧, 其有甚者, 則至親化爲豺狼而莫之恤, 恒人固有不免, 而帝王之家, 此患尤多, 其故何哉?

凡以情勢易阻而讒間益衆也。所以云情勢易阻者, 以宮殿之所御, 逐日之進見, 地近嚴而勢或阻, 事多端而情或鬱也。所以云讒間益衆者, 以兩宮之間, 昵侍左右, 便嬖給事者, 無非宦寺與婦人也。此輩之性, 例多陰邪狡獪, 挾姦而懷私, 喜亂而樂禍, 不知孝慈之爲何物、禮義之爲何事, 惟以所事爲之重, 一彼一此, 分勢角立, 爭多較少, 恩怨生於指顧, 利害卜於向背, 以無爲有, 以是爲非, 情狀萬端, 如鬼如蜮, 或激而致怒, 或誑而令懼。一或傾耳而聽信, 則自陷於不孝, 而陷親於不慈, 必矣。蓋家法嚴正, 兩宮交驩, 則此輩無所容其奸而不獲利, 必也交構互嫌, 主昏倫悖而後, 得以騁其術, 售其讒, 而得大利。此小人、女子之通患也。雖然, 亦視其君德之仁鄙、御治之嚴縱如何, 而應之捷如影響。然則人君顧自治如何耳。苟能自治, 亦何患之有哉?

臣去年在都下, 流聞道路, 卽位伊始, 此類之中, 有以潛邸舊恩, 不待上命而敢進者, 遽蒙峻却而退, 一國之人, 咸仰大聖人之所作爲出於尋常萬萬如此。自是以來, 聖德日聞, 仁孝罔間。推此以往, 何陰而不伏, 何惡而敢肆乎?

雖然, 殿下切不可恃此而忽於霜冰之戒也。且夫以殿下之孝誠, 極一國之奉養, 孝亦大矣。然人子職分之所當爲者, 無窮無盡, 豈可謂吾之事親已足而無他虞哉? 又今日殿下之事親, 所謂以義而隆恩, 以變而處常。斯二者之際, 實小人、女子之所伺隙而造釁者也。

臣伏睹前代之事，上有慈親，下有賢嗣，而爲賊宦讒妾，交鬭兩間，而不終厥孝者，何可勝道哉？況今宮闈之間，宿姦老蠱如前後朝論所深憂者，猶未盡去，此恐不但如嬴豕之躑躅而已。

伏願殿下監《大易》家人之義，法《小學》明倫之訓，嚴於自治而謹於正家，篤於事親而盡於子職，使左右近習之人，洞然皆知兩宮至情，莫重於孝慈，而吾輩讒間，無以得行於其間，亦見其成孝慈者獲安，生兩隙者得罪，則自然無陰邪間亂之患，而孝道無闕。又推此心，用此誠，以致孝敬於恭懿殿，罔不盡情竭力，則道隆繼繼，仁至義盡，而三宮驩洽，萬福畢臻矣。《詩》曰："侈兮侈兮，成是南箕。"又曰："永言孝思，孝思維則。"惟聖明之留意焉，則幸甚。

其三曰：敦聖學以立治本。臣聞帝王之學心法之要，淵源於大舜之命禹。其言曰："人心惟危，道心惟微。惟精惟一，允執厥中。"夫以天下相傳，欲使之安天下也，其爲付囑之言，宜莫急於政治，而舜之於禹，丁寧告戒，不過如此者，豈不以學問成德爲治之大本也，精一執中爲學之大法也？以大法而立大本，則天下之政治，皆自此而出乎！

惟古之聖謨若此，故雖以如臣之愚，亦知聖學爲至治之本，而憯有獻焉。雖然，舜之此言，但道其危微，而不及其危微之故；但教以精一，而不示以精一之法。後之人雖欲據此而眞知實踐乎道，殆亦難矣。

其後列聖相承，至孔氏而其法大備，《大學》之格致誠正，《中庸》之明善誠身是也；諸儒迭興，逮朱氏而其說大明，《大學》、《中庸》之《章句》、《或問》是也。今從事於此二書，而爲眞知實踐之學, 比如大明中天, 開眼可睹; 如周道當前, 擧足可履。所患, 世之人君能有志此學者鮮矣, 其或有志而能有始有終者, 爲尤鮮焉。嗚呼! 此道之所以不傳, 治之所以不古也。而其亦有待而然乎?

恭惟主上殿下, 神聖之資, 出於天畀; 睿哲之學, 進於日新, 儒臣講官, 無不聳服而讚歎也, 則殿下之於此學, 有其資, 有其志矣。其於致知之方、力行之功, 亦可謂有其始矣。然而愚臣妄意, 恐不可執此而遽以爲能知能行也。

臣請先以致知一事言之。自吾之性情形色日用彝倫之近, 以至於天地萬物古今事變之多, 莫不有至實之理、至當之則存焉, 卽所謂天然自有之中也。故學之不可以不博, 問之不可以不審, 思之不可以不愼, 辨之不可以不明。四者, 致知之目也, 而四者之中, 愼思爲尤重。思者何也? 求諸心而有驗有得之謂也。能驗於心而明辨其理欲善惡之幾、義利是非之判, 無不研精, 無少[59]差謬, 則所謂危微之故、精一之法, 可以眞知其如此而無疑矣。

今殿下於四者之功, 旣以啓其始而發其端矣。臣請因其發端 而益致其積累之功。其次第節目, 依《或問》所示之詳, 敬以爲主, 而事事物物, 莫不窮其所當然與其所以然之故, 沈潛反覆, 玩索體認, 而極其至, 至於歲月之久、功力之深, 而一朝不覺其有灑然融釋, 豁然貫通處, 則始知所謂體用一源顯微無間者, 眞是其然, 而不迷於危微, 不眩於精一, 而中可執, 此之

---

59 少 : 上本에는 "所"로 되어 있다.

謂眞知也。

臣請復以力行之事言之。誠意必審於幾微而無一毫之不實;正心必察於動靜而無一事之不正,修身則勿陷於一僻,齊家則毋狃於一偏,戒懼而謹獨,强志而不息。數者力行之目也,而數者之中,心意爲最關。心爲天君,而意其發也,先誠其所發,則一誠足以消萬僞,以正其天君,則百體從令,而所踐無非實矣。

今殿下於數者之功,亦已啓其始而擧其緒矣,臣請因其擧緒而益致其親切之功。其規模、宗旨,遵二書所垂之教,敬以爲主,而隨時隨處,念念提撕,件件兢業,萬累衆欲,洒滌於靈臺,五常百行,磨礱乎至善,食息酬酢而涵泳乎義理,懲窒遷改而懋勉乎誠一,廣大高明,不離於禮法;參贊經綸,皆原於屋漏。如是積眞之多,歷時之久,自然義精仁熟,欲罷不能,而忽不自知其入於聖賢中和之域矣。其實踐之效至此,則道成德立,而爲治之本,於是乎在,取人之則,果不外身,自見群賢彙征,績用咸熙,措世於隆平,納民於仁壽,有不難矣。

或曰:"帝王之學,不與[60]經生學子同。"此謂拘文義、工綴緝之類云耳。至如敬以爲本,而窮理以致知,反躬以踐實,此乃妙心法而傳道學之要。帝王之與恒人,豈有異哉?抑眞知與實踐,如車兩輪,闕一不可;如人兩脚,相待互進。故程子曰:"未有致知而不在敬者。"朱子曰:"若躬行上未有工夫,亦無窮理處。"是以二者之功,合而言之,相爲始終;分而言之,則又

---

60 與 : 上本에는 "如"로 되어 있다.

各自有始終焉。

嗚呼！不始固無終也，無終則安用始？而人主之學，率多有始而無終，始勤而終怠，始敬而終肆，以一出一入之心，爲或作或輟之事，卒同歸於蔑德而迷國者，何哉？莫危者人心，易陷於欲而難復乎理，莫微者道心，暫開於理而旋閉于欲故也。今欲使易陷者退聽而不得作，暫開者接續而無間斷，以成就於帝王相傳執中之學，非精之一之之功，何以哉？傅說曰："惟學遜志。念終始典于學，厥德修罔覺。"孔子曰："知至至之，可與幾也；知終終之，可與存義也。"惟聖明之留意焉，則幸甚。

其四曰：明道術以正人心。臣聞唐、虞、三代之盛，道術大明，而無他岐之惑，故人心得正，而治化易洽也。衰周以後，道術不明，而邪慝並興，故人心不正，治之而不治，化之而難化也。何謂道術？出於天命，而行於彝倫，天下古今所共由之路也。堯、舜、三王明乎此而得其位，故澤及於天下；孔、曾、思、孟明乎此而不得位，故教傳於萬世。後世人主，惟不能因其教而得其道，以倡明於一世。是以異端亂眞之說、功利醜正之徒，得以鼓惑馳驟，陷溺人心，其禍滔天而莫之救也。中間，有宋諸賢，大闡斯道，而俱不得見用於世，其所以明彝教正人心者，亦不能收功於一時，而止傳於萬世矣。

矧我東方，僻在海隅，箕範失傳，歷世茫茫。至于麗氏之末，程、朱之書始至，而道學可明，入于本朝，聖聖相承，創業垂統，其規模典章，大抵皆斯道之發用也。然而自肇國至于今日，將二百年于茲，撫覽治效而揆以先王之道，猶未免有所歉然於列聖之心者，無他焉，亦曰道術不明而他岐之害人心者多也。

方今主上殿下，以堯、舜之資，躬帝王之學，志遵古昔，求治如渴，蓋將以興起斯文，措一世於唐、虞、三代之隆，誠爲我東方千載一時，朝野欣欣然莫不拭目而相慶。然於是乎若不明先王之道術，定一代之趨尚，以表率而導迪之，亦何能使一國之人，回積惑而舍多岐，一變而從我於大中至正之教乎？故臣愚必以明道術以正人心者爲新政之獻焉。

雖則然矣，而其明之之事，亦有本末、先後、緩急之施，其本末，又有虛實之異歸焉。本乎人君躬行心得之餘，而行乎民生日用彝倫之教者，本也；追蹤乎法制，襲美乎文物，革今師古，依倣比較者，末也。本在所先而急，末在所後而緩也。然得其道而君德成，則本末皆實，而爲唐、虞之治；失其道而君德非，則本末皆虛，而有叔季之禍，固不可恃虛名而蘄聖治之成，亦不可昧要法而求心得之妙也。

今殿下誠能知虛名之不可恃，求要法以明道學，請必深納於臣前所論眞知實踐之說，敬以始之，敬以終之。方其始也，所知者或有黯晦而未瑩，所行者或有矛盾而不合。請慎勿因此而生厭沮之心，當知聖賢必不我欺，但我功力未至，勉勉循循，而不廢於中道。如此積習之久、純熟之餘，自至於精義入神而目牛無全，睟面盎背而左右逢原。此之謂躬行心得而道明於己，帝堯、文王之克明德，是也。

自此而推之，無適而非道，親九族而平百姓，由〈雎〉、〈麟〉以及〈鵲〉、〈騶〉，今豈異於堯、文之時哉？德化薰蒸，內外融徹，朝敬讓而家孝悌，士知學而民知義，人心其有不正，道術其有不明者乎？荀子曰："君者盂也，盂方則水方；君者表也，表正則影直。"豈不信哉？

雖然，微臣之私憂過計，更於人心岐惑之說，特有感焉。臣伏見東方異端之害，佛氏爲甚，而高麗氏以至於亡國，雖以我朝之盛治，猶未能絶其根柢，往往投時而熾漫。雖賴先王旋覺其非而汎掃去之，餘波遺燼，尚有存者。老、莊之虛誕，或有耽尚，而侮聖蔑禮之風間作；管、商之術業，幸無傳述，而計功謀利之弊猶錮。鄉原亂德之習，濫觴於末流之媚世；俗學迷方之患，燎原於擧子之逐名。而況名途宦路，乘機抵巇，反側欺負之徒，亦安可謂盡無也？

以此觀之，今之人心不正甚矣。設若不幸而主上嚮道之心，少不如初，或見於好惡之偏，或漏於己私之隙，則凡此數等之人，必有雜然竝進，魑魅魍魎，舞術眩怪，百端攻鑽，一爲所中，則便與之俱化於彼矣。化於彼，則變於此；好在彼，則惡在此；黨乎彼，則仇乎此。自古人君，始初清明，其政可觀，旣而爲姦邪所中，異端所惑，以敗功殄國，如宋之哲、徽、寧、理之爲者，何可勝數？伏願殿下以古之失道爲今之明鑑，執志如金石，貫始終而毋渝，明道如日月，廓氛陰而罔干，勿論講道與求治，皆要常久而不已，則不但待興之士、自新之民，皆升于大猷，向之群邪雜慝，亦將受變於神化之不暇，安敢或進而爲吾患哉？《易》曰："聖人久於其道，而天下化成。"孟子曰："君子反經而已矣。經正，則庶民興；庶民興，則斯無邪慝矣。"惟聖明之留意焉，則幸甚。

其五曰：推腹心以通耳目。臣聞一國之體，猶一人之身也。人之一身，元首居上而統臨，腹心承中而幹任，耳目旁達而衛喩，然後身得安焉。人主者一國之元首也，而大臣其腹心也，臺諫其耳目也。三者相待而相成，實有國不易之常勢，而天下古今之所共知也。

　　古之人君有不信任大臣、不聽用臺諫者，譬如人自決其腹心，自塗其耳目，固無元首獨成人之理。其或有信任大臣而不由其道，其求之也，不求其能匡濟輔弼之賢，而惟求其阿諛順旨[61]者，以謀遂其私。是其所得者，非姦邪亂政之人，則必兇賊擅權之夫。君以此人爲濟欲之腹心，臣以此君爲濟欲之元首，上下相蒙，締結牢固，人莫能間，而一有鯁直之士觸犯其鋒，則必加之竄謫誅戮，爲虀爲粉而後已焉。由是忠賢盡逐，國內空虛，而耳目之司皆爲當路之私人矣，則所謂耳目者，非元首之耳目也，乃當路之耳目也。於是憑耳目而鼓勢煽焰，以黨助權臣之惡；由腹心而積戾稔禍，以蓄成闇主之愿，侈然自以爲各得所欲，而不知元首之鴆毒發於腹心，腹心之蛇蠍起於耳目也。此古今一轍，前者旣覆，後不知戒，相尋而未已，誠可痛也。

　　今日朝廷之事則異於是，聖智之德，首出庶物，而正位居體，爲一國之元，而其於腹心之地、耳目之官，亦皆選於衆而重其責矣。《易》不云乎？"同聲相應，同氣相求，水流濕，火就燥，雲從龍，風從虎。"上有聖主，不患其無賢臣也。

　　臣愚伏願聖上唯當顧諟天之明命，恭己南面，推誠腹心，明目達聰，建中于民，建極于上，不以分毫私意，撓壞於其間，則居輔相之位者，必皆以沃心陳謨、論道經邦自任；處諫諍之列者，無不以面折廷爭補闕拾遺爲職，三勢洞然，聚精會神，

---

61 旨：上本에는 "志"로 되어 있다.

通爲一體。若是而朝無善政，國無善治，世不致隆平者，臣未之聞也。

雖然，益之戒舜曰："儆戒無虞，罔失法度，罔遊于佚，罔淫于樂，任賢勿貳，去邪勿疑。"人主之心一怠於儆戒，而流於佚樂，則法度之壞，不俟終日，而賢之不終任，邪之不克去，亦理勢之必然也。故雖以治平之朝，其或不幸而一有此兆，則大臣必有逢君之惡以圖竊國柄者，小臣必有寧媚於竈以規鑽己利者，遂使前日之腹心，今變爲寇攘；前日之耳目，今變爲蔽蒙；前日之一體，今變爲胡、越，而衰亂之形、危亡之事，不待他時而立見於前矣。

皐陶之歌曰："元首叢脞哉，股肱惰哉，萬事墮哉。"言萬事之墮，責在元首也。宋臣王介之言曰："宰相而承宮禁意向，給舍而奉宰相風旨，朝廷紀綱掃地矣。"言邪徑之爲害，無異於腹心、耳目之地也。至呂公弼之諫仁宗則曰："諫官爲耳目，執政爲股肱。股肱、耳目必相爲用，然後身安而元首尊。"故臣以爲不由邪徑而能相爲用，至善之道也。惟聖明之留意焉，則幸甚。

其六曰：誠修省以承天愛。臣聞董仲舒告武帝之言曰："國家將有失道之敗，天乃先出災害，以譴告之，不知自省，又出怪異，以警懼之，尙不知變，而傷敗乃至。以此見天心之仁愛人君而欲止其亂也。"旨哉，言乎！誠萬世人主之龜鑑而不可忽焉者也。雖然，人主於此，又當知天心之所以仁愛我者何故而然，又當知我所以奉承天心者何道而可，無不深思熟講而實體行之，然後庶可以享天心而盡君道矣。

臣請爲殿下言其故。竊謂天地之大德曰生。凡天地之間，含生之類，總總林林，若動若植，若洪若纖，皆天所悶覆而仁愛。而況於吾民之肖象而最靈爲天地之心者乎？然天有是心，而不能以自施，必就夫最靈之中，而尤眷其聖哲元良，德恊于神人者，爲之君，付之司牧，以行其仁愛之政，旣命之佑之，而寵綏四方矣，猶恐其或怠而難生於所忽也。於是乎又有所謂災異警譴之加焉。天之於君，所以反覆丁寧若是者，無他，旣以仁愛之責，委重於此，自當有仁愛之報惓惓於此也。

誠使爲人君者，知天之所以仁愛我者，如此其不徒然也，則其必能知爲君之難矣，其必能知天命之不易矣，其必能知高高在上而日監于玆，不容有毫髮之可欺矣。能如此，則其在平日，必有以秉心飭躬，克敬克誠，以昭受上帝者，無不盡其道矣。其遇災譴，必有以省愆修政，克愼克實，以感格天意者，益能盡其心矣。夫然則制治于未亂，保邦于未危，有平安而無禍敗，可幾也。惟其不知天心而不愼厥德者，一切反是，故帝乃震怒而降之禍敗，非天之所得已也，其亦可畏之甚也。

當今主上殿下握寶御極，一期于玆，凡所以上敬下恤，修德行政之間，未嘗聞有招拂于人心獲戾于帝事者。然而乾文屢變，時孼竝作，和氣不應，兩麥全耗，水災之慘，振古所無，風雹、蝗螟，衆異畢見。不知上天何所怒於殿下而如此哉？天道雖遠而實邇，天威至嚴而難玩。小臣愚昧，不敢妄度而爲言，竊以仲舒之言推之，此乃天心仁愛殿下之深而威警殿下之至也。且今殿下旣承天眷而作人牧，則踐阼圖治之初、宅憂思道之日，乃端本正始之辰、自貽哲命之時也。若使之徒知有晏然之寵，而不知有赫然之威，則恐懼之心日弛，邪僻之情轉放，如決河堤，亦何所不至哉？故旣出災害以譴告之，又出怪異以警懼之，天心之仁愛殿下，可謂深切而著明矣。不審殿下將何修而可以當天意消禍萌乎？昔者孔光以爲天道不必憂，安石以爲天變不足畏，皆誣諛姦罔之言，固大得罪於天矣。董仲舒、劉向之徒，又以某災爲某失之應，亦太拘拘滯陋，而其或有不相應者，則適啓人君不畏不憂之端，亦非也。故臣愚以爲君之於天，猶子之於親。親心有怒於子，子之恐懼修省，不問所怒與非怒，事事盡誠而致孝，則親悅於誠孝，而所怒之事，並與之渾化無痕矣。不然，只指定一事，而恐懼修省於此，餘事依舊恣意，則不誠於致孝而僞爲之，何以解親怒而得親歡乎？

　伏願殿下推事親之心，以盡事天之道，無事而不修省，無時而不恐懼。聖躬雖未有過失，而心術隱微之間，疵病山積，不可以不淨盡；宮禁雖本有家法，而戚屬幽陰之類，納謁霧集，不可以不過防。聽諫雖如轉圜之美，有時乎以私而牢拒，在所當改；樂善雖如好色之誠，或至於以虛而強求，在所當審。爵賞毋濫，使無功者幸得，而有功者解體；赦宥毋數，使爲惡者獲免，而爲善者受害。尙節義，厲廉恥，以壯名敎之防衛者，不可疎；崇儉約，禁奢侈，以裕公私之財力者，不可緩。祖宗之成憲舊章積久而生弊者，雖不可不稍變通，然或並與其良法美意而一切紛更之，必致大患。搢紳之嫉正忌異伺釁而生事者，固不可不預鎭靜，然或自乖於賢儔善類，而互相排擊之，必見反傷。專倚於守舊循常之臣，則有妨[62]於奮興至治；偏任於新進喜事之人，則亦至於挑生亂階。抑京外胥僕，狼噬納使而猶不足，盜空府庫；鎭浦帥將，虎呑軍卒而猶不饜，毒徧隣族。

---

62 妨：上本에는 "防"으로 되어 있다.

饑荒已劇, 而賑救無策, 恐群盜之大起; 邊圉卒[63]虛, 而南北有釁, 慮小醜之猝入。凡若此類, 臣不能枚擧而悉數。惟殿下深知天所以仁愛己者若是其非徒然也, 內以自反於身心者, 一於敬而無作輟; 外以修行於政治者, 一於誠而無假飾, 所處於天人之際者, 無所不用其極, 如前所云云, 則雖有水旱之災、譴警之至, 猶可施恐懼修省之力, 而承天與仁愛之心。如臣所論十六事者, 亦將以次而消除更化, 以臻於治平矣。如或不然, 不本於身而望治於世, 不恒其德而責報於天, 平時則不知敬天而恤民, 遇災則但擧文具而泛應, 則臣恐否泰相極, 治亂相乘, 數百年昇平之末, 國事之可憂, 將日倍於今時之弊, 而天心之仁愛殿下者, 反爲殿下之自棄也。《書》曰:"皇天無親, 克敬惟親; 民罔常懷, 懷于有仁; 鬼神無常享, 享于克誠。"《詩》曰:"畏天之威, 于時保之。"惟聖明之留意焉, 則幸甚。

　　右六條所陳, 皆非有驚天動地震耀人耳目之說。然而實謹於彝教而本於性道, 宗於聖賢而質於《庸》、《學》, 稽之史傳而驗之時事以爲言。惟殿下勿以爲卑近而不足爲, 勿以爲迂闊而不必爲, 必先以首二條爲本, 而尤勤勵不息於聖學之功, 毋欲速, 毋自畫, 以極其至於此, 而果有所得, 則其他事固亦隨日隨事而益明益實。理義之悅心, 眞是如芻豢; 吾人之性情, 眞可爲堯、舜。不離乎卑近淺小, 而實有高深遠大而無窮者存焉。古人所謂"探淵源而出治道, 貫本末而立大中"者, 初不外此。

---

63 卒 : 底本에는 "率"로 되어 있는데, 底本과 養閑堂本 및 甲本・樊本의 두주에 "'率', 當作'卒'。"이라고 하였고, 擬本의 부전지에 "'率', '卒'之誤。【愚伏校】"라고 하였으므로, 이에 根據하여 修正하였다.

至於是而後，方信小臣之言皆有所祖述，非鑿空架虛以厚誣於殿下也。

雖然，臣之於此，聞旣晚暮，而病又沈痼，不能力踐以實有諸己，無以應殿下之盛意，故縮恧惶惑而不敢來，今旣不免爲此來，則又不敢匿此說而代以他說也。如蒙殿下不以人廢言而有取於此，則今玆公卿大夫皆誦習此說，而從事此道者也。上有好者，下必有甚焉者。在殿下好問而察邇，樂取以爲善，以日禆緝熙之功，誰敢不精白一心，以助成聖德者乎？則臣雖抱病田間，何異日近於耿光？枯死巖穴，亦與萬生同霑聖澤之流浹矣。

臣無任懇祈切祝之至，謹昧死以聞。

退溪先生文集

卷七

KNW009(箚-1)(癸卷7:1右)(樊卷7:1右)
戊辰經筵啓箚一[1]

國之大事, 固在兵戎, 今者, 軍卒消耗, 名存實無, 內外皆然。搜兵補闕, 在所當急, 不可以民之怨咨而停罷, 但自去年以來, 國恤山陵, 鉅役連仍, 民生困弊[2]之餘, 八天使相踵, 擧國騷動, 顚仆者未起, 呻吟者未絶。簽兵之令, 適丁此年, 已非其時。然猶可諉之曰:"軍國重事, 不可計小弊故也。"

　長夏積潦, 地力傷瘁, 兩麥全無, 水災所被, 蕩覆無餘, 田種雜穀, 種種皆荒, 民食頓絶, 閭閻嗷嗷, 所指以爲僥倖西成之望者, 惟有稻田稍盛於常年, 七八月之間, 風災旱災, 飛蝗蔽天, 螽賊盈疇, 或朽而不秀, 或穗而不實, 則稻一穀亦無望於入民口腹矣。古語云:"一穀不登, 民受其飢。"今則百穀不登, 民何以充腹? 木花掃無, 民何以蔽體? 飢寒切身, 民無所顧藉, 皆思破家流散, 結包荷擔而立。

　四方監司等官, 目覩其慘, 憂災恤荒, 報聞相繼, 國家未嘗發一號出一令, 以爲捄民生塗炭之命之計, 方且家搜戶括, 漁

1　戊辰年(宣祖1, 1568년, 68세) 9월 3일 서울에서 쓴 것으로 추정된다.《言行通錄》(권4:25a~26b)에도 실려 있다.《宣祖修正實錄》(권2:10a)에서는 이 차자의 내용인 軍籍 정리를 정지시킬 것을 아뢴 것을 戊辰年(1568) 8월의 일로 기록해놓았으나《言行通錄》(권4:25a~26b),《年譜》(권2:12b~13a),《履歷草記》(《春塘集》, 권4:18a),《眉巖日記》(《眉巖集》, 권6:24a~b) 등에 근거해 볼 때 戊辰年(1568) 9월 3일 經筵 夕講에서 올린 것임을 알 수 있다. 中本에는〈戊辰箚一〉로 되어 있고, 주묵 부전지에 "經筵啓箚【一】"라고 하였다.
2　弊 : 中本·定本에는 "敝"로 되어 있다.

丁獵僧。酷吏暴胥，因緣作奸，脅驅侵督，急於星火，剝膚椎[3]髓，靡有限極，無知小民，上不見德，下惟見侵，相與怨讟興嗟，棄父母之恩，絶妻子之愛，去此而適他，他方亦然。四方湯湯，無處藏逃，強壯則群聚而爲盜，老弱則轉死於溝壑，哀我邦本，寧不動搖？

古之人君，視民如傷，若保赤子，父母愛子之心，無所不至，如遇其疾病飢寒，則哀傷惻怛，不啻在己，提抱撫摩，誠求不遠，飲食以飼哺之，藥物以救療之，如此而或至於死，猶不敢怨天，而自傷其救[4]療之未盡，蓋其深愛至痛之情所當然也。安有爲民父母而行政，於其[5]疾病之極、飢寒之迫，則若不聞知，旣絶其口食，又廢其藥物，而托辭於他事之重，忍所不忍，驅催蹙迫，以納於水火之中，不惟[6]不救，益薪以焚之，不惟[7]不拯[8]，鼓瀾以渰之，加之以鞭撻[9]，隨之以刑戮？

假使所重之事，因而得成，甚非爲父母愛子之道，而况衆怒難犯，刑發惟腥，駭懼思亂之民，相環於四境，向之所簽之兵，皆在其中，挾憾而肆兇於齊民，不知國家持空籍以當此患，將何術而弭之？

---

3 椎 : 樊本·上本에는 "推"로 되어 있다.

4 救 : 中本·定本·庚本·擬本에는 "捄"로 되어 있다.

5 於其 : 中本에는 "□□"으로 되어 있다.

6 惟 : 上本에는 "唯"으로 되어 있다.

7 惟 : 上本에는 "唯"으로 되어 있다.

8 拯 : 上本에는 "極"으로 되어 있다.

9 撻 : 中本의 추기에 "撻"이라고 하였다. 《譜》에는 "扑"으로 되어 있으며 上本에는 "撻"로 되어 있다.

今人狃於昇平, 不知國家亂亡之禍, 率由於民嚴, 雲合土崩之勢, 恒起於民流, 見臣此論, 必以爲狂言。然漢、魏之張角、葛榮、唐、宋之黃巢、方臘, 皆何因而起乎? 當時亦必有以如臣之言, 見笑於世者, 使時君早憂而預爲之所, 則豈終至於覆敗乎? 故臣愚以爲不如及今姑停兵籍, 以待年登民息而後[10]爲之, 於義爲得, 於事爲便。

KNW010(箚-2)(癸卷7:3右)(樊卷7:3右)
戊辰經筵啓箚【二】[11]

私者, 一心之蟊賊, 而萬惡之根本也。自古國家治日常少, 亂日常多, 馴致於滅身亡國者, 盡是人君不能去一私字故也。然欲去心賊拔惡根, 以復乎天理之純, 不深藉學問之功不可, 而其爲功亦難。蓋一時一事之私, 勉强不行非難。平日萬事之私, 克去淨盡爲難。雖或旣已克盡, 不知不覺之間, 忽復萌動如初, 此所以爲難。是以古之聖賢, 兢兢業業, 如臨深淵, 如[12]履薄冰,

---

10 後 : 庚本·甲本에는 없다. 擬本에는 없고, 주묵 추기에 "草本, '而'下有'後'字"라고 하였다. 樊本·上本에는 없다.

11 戊辰年(宣祖1, 1568년, 68세) 9월 9일 서울에서 쓴 것으로 추정된다. 中本에는 〈戊辰箚二〉로 되어 있고, 주묵 부전지에 "經筵啓箚【二】"라고 하였다.

12 功不可……如臨深淵如 : 中本의 부전지에 "此所改處, 考本草, 從其長。"이라고 하였다. 〔今案〕 中本에 종이를 덧대어 수정된 흔적이 있다. 현행 목판본은 수정된 내용과 일치한다. 수정 전 本草의 내용이 무엇이었는지는 지금으로서는 확인하기 어렵다. 中本 해당 부분의 重校者는 柳雲龍, 柳成龍, 金垓 3인이었다.

日乾夕惕, 惟恐頃刻怠忽, 而有墮坑落塹之患, 其心未嘗自謂吾學已至, 不患有陷於私邪也。

故《大學》旣說格物、致知、誠意、正心之功, 則宜若無私矣。然而於修身、齊家, 猶以偏僻爲戒, 治國、平天下, 亦以一人貪戾以利爲利戒之。顏淵克己復禮, 不遷怒, 不貳過, 至於三月不違仁而後, 乃問爲邦之道, 寧復有一毫之私乎?

孔子猶以放鄭聲、遠佞人戒之。箕子爲武王陳〈洪範〉, 先言敬用五事, 而後極讚皇極之道, 則亦若無憂於有私邪矣。然其言猶曰: "無偏無陂, 遵王之義; 無有作好, 遵王之道; 無有作惡, 遵王之路。無偏無黨, 王道蕩蕩; 無黨無偏, 王道平平; 無反無側, 王道正直。" 然後乃結之曰: "會其有極, 歸其有極。" 蓋必其無偏陂好惡私, 然後王道可遵, 無偏黨反側之事, 然後王道蕩平, 而會極歸極, 可得而言。

以此觀之, 雖至聖人地位, 猶恐或有偏僻之私, 常懍懍爲戒, 況未至於聖人, 宜如何哉?〈周書〉曰: "惟聖罔念作狂, 惟狂克念作聖。" 伏願聖明留神省念。

KNW011(箚-3)(癸卷7:4左)(樊卷7:4左)

進〈聖學十圖〉箚【并圖。】[13]

判中樞府事臣李滉, 謹再拜上言。臣竊伏以道無形象, 天無言

---

[13] 戊辰年(宣祖1, 1568년, 68세) 12월 16일 서울에서 쓴 것으로 추정된다. 中本의 부전지에 "當更論"이라고 하였다.

語。自河、洛圖書之出, 聖人因作卦爻, 而道始見於天下矣。然而道之浩浩, 何處下手? 古訓千萬, 何所從入? 聖學有大端, 心法有至要, 揭之以爲圖, 指之以爲說, 以示人入道之門、積德之基, 斯亦後賢之所不得已而作也, 而況人主一心, 萬幾[14]所由, 百責所萃, 衆欲互攻, 群邪迭鑽, 一有怠忽, 而放縱繼之, 則如山之崩, 如海之蕩, 誰得而禦之?

古之聖帝明王, 有憂於此。是以, 兢兢業業, 小心畏愼, 日復一日, 猶以爲未也, 立師傅之官, 列諫諍之職, 前有疑, 後有丞, 左有輔, 右有弼, 在輿有旅賁之規, 位宁有官師之典, 倚几有訓誦之諫, 居寢有暬[15]御之箴, 臨事有瞽史之導, 宴居有工師之誦, 以至盤盂、几杖、刀劍、戶牖, 凡目之所寓, 身之所處, 無不有銘有戒。其所以維持此心防範此身者, 若是其至矣。故德日新而業日廣, 無纖過而有鴻號矣。

後世人主, 受天命而履天位, 其責任之至重至大爲如何? 而所以自治之具, 一無如此之嚴也。則其憪然自聖, 傲然自肆於王公之上、億兆之戴, 終歸於壞亂殄滅, 亦何足怪哉? 故于斯之時, 爲人臣而欲引君當道者, 固無所不用其心焉。若張九齡之進《金鑑錄》, 宋璟之陳〈無逸圖〉, 李德裕之獻〈丹扆六箴〉, 眞德秀之上〈豳風七月圖〉之類, 其愛君憂國拳拳之深衷, 陳善納誨懇懇之至意, 人君可不深念而敬服也哉?

---

14 幾: 樊本・上本에는 "機"로 되어 있다.
15 暬: 李校에 "'暬'恐'褻', '褻'與'嫟'同, 近習之常侍左右者曰'暬御'."라고 하였다. 지금 살펴보니《退溪集》모든 판본에 해당 글자는 "暬"으로 되어 있다. 이는 다른 곳에서도 마찬가지이다.《要存錄》李校의 교정 의견을 공히 참고할 수 있겠다.

臣以至愚極陋, 幸恩累朝, 病廢田里, 期與草木同腐。不意虛名誤達, 召置講筵之重, 震越惶恐, 辭避無路, 旣不免爲此叨冒, 則是勸導聖學, 輔養宸德, 以期致於堯、舜之隆, 雖欲辭之以不敢, 何可得也? 顧臣學術荒疎, 辭辯拙訥, 加以賤疾連仍, 入侍稀罕, 冬寒以來, 乃至全廢, 臣罪當萬死, 憂慄罔措。

臣竊伏惟念當初上章論學之言, 旣不足以感發天意, 及後登對屢進之說, 又不能以沃贊睿猷。微臣悃愊, 不知所出。惟有昔之賢人君子, 明聖學而得心法, 有圖有說, 以示人入道之門、積德之基者, 見行於世, 昭如日星。玆敢欲乞以是進陳於左右, 以代古昔帝王工誦器銘之遺意, 庶幾借重於旣往, 而有益於將來。於是, 謹就其中揀取其尤著者, 得七焉。其〈心統性情〉, 則因程圖而附以臣作二小圖, 其三者, 圖雖臣作, 而其文其旨, 條目規畫, 一述於前賢, 而非臣創造。合之爲〈聖學十圖〉, 每圖下, 輒亦僭附謬說, 謹以繕寫投進焉。

第緣臣惻寒纏疾之中, 自力爲此, 眼昏手顫, 書未端楷, 排行均字, 竝無准[16]式。如蒙勿卻[17], 乞以此本, 下諸經筵官, 詳加訂論, 改補差舛。更令善寫者精寫正本, 付之該司, 作爲御屏一坐, 展之淸燕之所, 或別作小樣一件爲帖, 常置几案上, 冀得於俯仰顧眄之頃, 皆有所觀省警戒焉, 則區區願忠之志, 幸莫大焉。而其義意有所未盡者, 臣請得而申言之。

竊嘗聞之, 孟子之言曰:"心之官則思。思則得之, 不思則

---

16 准:上本에는 "準"으로 되어 있다.
17 卻:中本·定本에는 "却"으로 되어 있으며, 庚本·擬本·甲本에도 "却"으로 되어 있으며, 樊本·上本에도 "却"으로 되어 있다.

不得也."箕子之爲武王陳洪範也, 又曰: "思曰睿, 睿作聖."夫
心具於方寸而至虛至靈. 理著於圖書而至顯至實, 以至虛至靈
之心, 求至顯至實之理, 宜無有不得者, 則思而得之, 睿而作
聖, 豈不足以有徵於今日乎? 然而心之虛靈, 若無以主宰, 則
事當前而不思. 理之顯實, 若無以照管, 則目常接而不見. 此
又因圖致思之不可忽焉者然也.

抑又聞之, 孔子曰: "學而不思則罔, 思而不學則殆."學也
者, 習其事而眞踐履之謂也. 蓋聖門之學, 不求諸心, 則昏而
無得, 故必思以[18]通其微. 不習其事, 則危而不安, 故必學以踐
其實. 思與學, 交相發而互相益也. 伏願聖明深燭此理, 先須
立志, 以爲"舜何人也, 予何人也? 有爲者亦若是", 奮然用力於
二者之功, 而持敬者, 又所以兼思學, 貫動靜, 合內外, 一顯微
之道也. 其爲之之法, 必也存此心於齋莊靜[19]一之中, 窮此理於
學問思辨之際, 不睹[20]不聞之前, 所以戒懼者愈嚴愈敬, 隱微
幽獨之處, 所以省察者愈精愈密.

就一圖而思, 則當專一於此圖, 而如不知有他圖. 就一事
而習, 則當專一於此事, 而如不知有他事. 朝焉夕焉而有常,
今日明日而相續, 或紬繹玩味於夜氣清明之時, 或體驗栽培於日
用酬酢[21]之際. 其初猶未免或有掣肘矛盾之患, 亦時有極辛苦
不快活之病, 此乃古人所謂將大進之幾, 亦爲好消息之端, 切

18　以 : 上本에는 "而"로 되어 있다.
19　靜 : 樊本에는 "精"으로 되어 있다.
20　睹 : 樊本·上本에는 "覩"로 되어 있다.
21　酢 : 上本에는 "酌"으로 되어 있다.

毋因此而自沮, 尤當自信而益勵。至於積眞之多、用力之久, 自然心與理相涵而不覺其融會貫通, 習與事相熟而漸見其坦泰安履, 始者各專其一, 今乃克恊于一。此實孟子所論深造自得之境, 生則烏可已之驗。又從而俛焉孶孶, 旣竭吾才, 則顏子之心不違仁, 而爲邦之業在其中, 曾子之忠恕一貫, 而傳道之責在其身。畏敬不離乎日用而中和位育之功可致, 德行不外乎彝倫而天人合一之妙斯得矣。

是其爲圖爲說, 僅[22]取敍陳於十幅紙上, 思之習之, 只做工程於平日燕處, 而凝道作聖之要, 端本出治之源, 悉具於是。惟在天鑑留神加意, 反復終始, 勿以輕微而忽之, 厭煩而置之, 則宗社幸甚, 臣民幸甚。臣不勝野人芹曝之誠, 冒瀆宸嚴, 輒以爲獻, 惶懼屛息。取進止。

---

22 僅 : 上本에는 "謹"으로 되어 있고, 부전지에 "'謹'字當考"라고 하였다.

▶도판-01 第一太極圖[23]

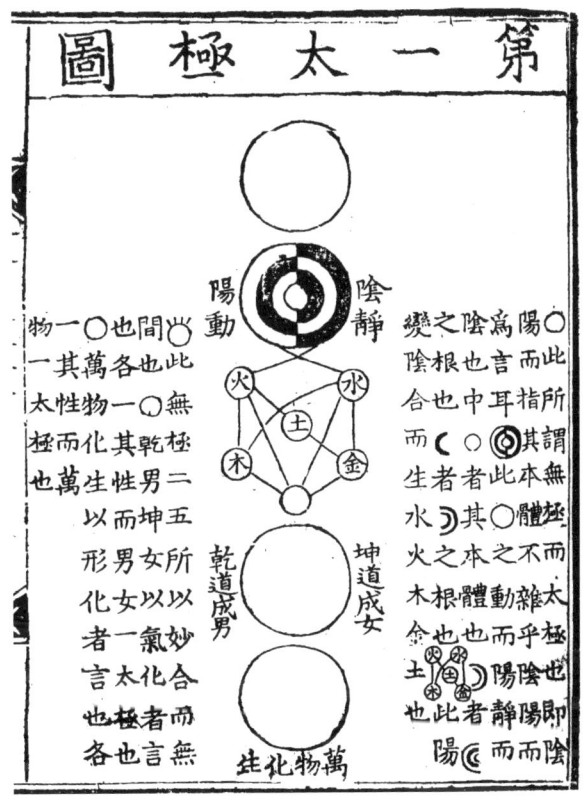

太極圖說

無極而太極。太極動而生陽, 動極而靜, 靜而生陰, 靜極復動, 一動一靜, 互爲其根, 分陰分陽, 兩儀立焉。陽變陰合, 而生水

---

23 ▶도판-01 第一太極圖 : 원문에는 없으나 편의상 도판 번호와 제목을 달았다. 이하 도판도 모두 같다.

火木金土, 五氣順布, 四時行焉。五行一陰陽也, 陰陽一太極也, 太極本無極也。五行之生也, 各一其性。

無極之眞、二五之精, 妙合而凝, 乾道成男, 坤道成女。二氣交感, 化生萬物, 萬物生生, 而變化無窮焉。惟人也, 得其秀而最靈。形旣生矣, 神發知矣。五性感動, 而善惡分, 萬事出矣。聖人定之以中正仁義而主靜, 立人極焉。故聖人與天地合其德, 日月合其明, 四時合其序, 鬼神合其吉凶。君子修之, 吉；小人悖之, 凶。故曰："立天之道, 曰陰與陽。立地之道, 曰柔與剛。立人之道, 曰仁與義。"又曰："原始反終, 故知死生之說。"大哉《易》也！斯其至矣。

朱子曰："〈圖說〉首言陰陽變化之原, 其後卽以人所稟受明之。自惟人也得其秀而最靈, 純粹至善之性也, 是所謂太極也。'形生神發', 則陽動陰靜之爲也。'五性感動', 則陽變陰合, 而生水火木金土之性也。'善惡分', 則成男成女之象也。'萬事出', 則萬物化生之象[24]也。至'聖人定之以中正仁義而主靜, 立人極焉', 則又有得乎太極之全體, 而與天地混合無間矣。故下文又言天地、日月、四時、鬼神、四者無不合也。"又曰："聖人不假修爲而自然也。未至此而修之, 君子之所以吉也；不知此而悖之, 小人之所以凶也。修之悖之, 亦在乎敬肆之間而已矣。敬則欲寡而理明, 寡之又寡, 以至於無, 則靜虛動直, 而聖可學矣。"

---

24 象：《朱子語類》에는 "義"로 되어 있다.

○ 右濂溪周子自作圖幷說。平巖葉氏謂"此圖卽〈繫辭〉《易》有太極，是生兩儀，兩儀生四象之義而推明之。但《易》以卦爻言，圖以造化言。"朱子謂"此是道理大頭腦處"，又以爲百世道術淵源。今兹首揭此圖，亦猶《近思錄》以此說爲首之意。蓋學聖人者，求端自此，而用力於《小》、《大學》之類，及其收功之日，而遡極一源，則所謂"窮理盡性而至於命"，所謂"窮神知化，德之盛"者也。

▶도판-02-1 第二西銘圖

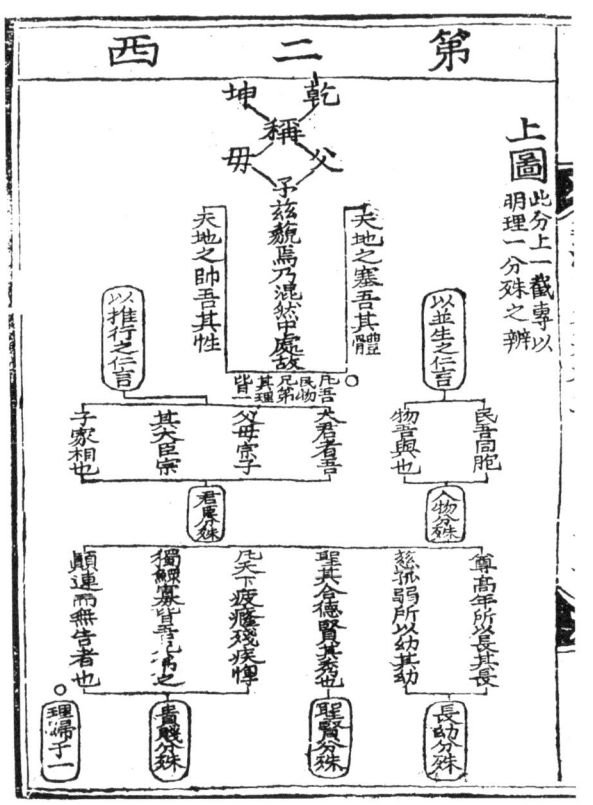

西銘

乾稱父, 坤稱母, 予茲藐焉, 乃混然中處。故天地之塞, 吾其體; 天地之帥, 吾其性。民吾同胞, 物吾與也。大君者, 吾父母宗子; 其大臣, 宗子之家相也。尊高年, 所以長其長; 慈孤弱, 所以幼其幼。聖其合德, 賢其秀也。凡天下疲癃殘疾惸獨鰥寡, 皆吾兄弟之顛連而無告者也。

▶도판-02-2 第二西銘圖

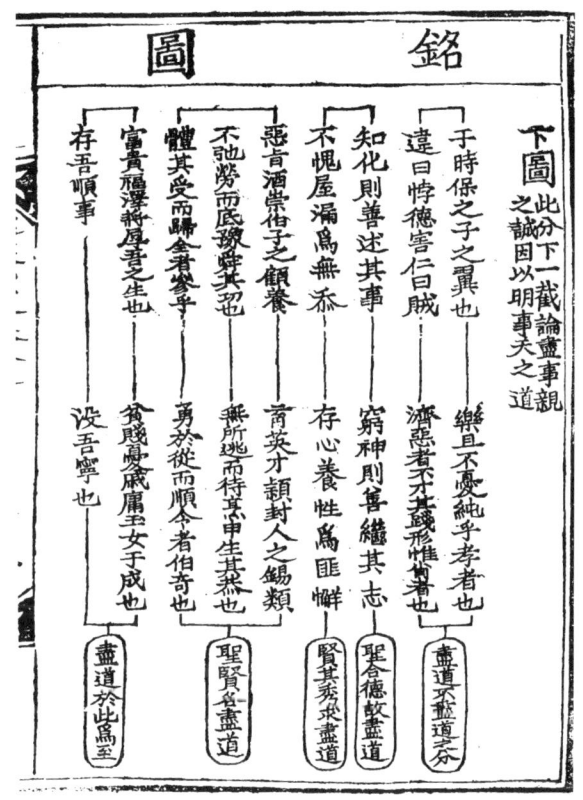

于時保之, 子之翼也; 樂且不憂, 純乎孝者也。違曰悖德, 害仁曰賊。濟惡者不才, 其踐形惟肖者也。知化則善述其事, 窮神則善繼其志。不愧屋漏爲無忝, 存心養性爲匪懈。惡旨酒, 崇伯子之顧養; 育英才, 穎封人之錫類。不弛勞而底豫, 舜其功也; 無所逃而待烹, 申生其恭也。體其受而歸全者, 參乎; 勇於從而順令者, 伯奇也。富貴福澤, 將厚吾之生也; 貧賤憂戚, 庸玉女[25]于成也。存吾順事, 沒吾寧也[26]。

朱子曰: "〈西銘〉, 程子以爲明理一而分殊。蓋以乾爲父, 坤爲母, 有生之類無物不然, 所謂'理一'也。而人物之生, 血脈之屬, 各親其親, 各子其子, 則其分亦安得而不殊哉? 一統而萬殊, 則雖天下一家、中國一人, 而不流於兼愛之蔽; 萬殊而一貫, 則雖親疎異情、貴賤異等, 而不梏於爲我之私, 此〈西銘〉之大旨也。觀其推親親之厚, 以大無我之公; 因事親之誠, 以明事天之道, 蓋無適而非所謂'分立而推理一'也。" 又曰: "〈銘〉前一段如棋盤, 後一段如人下棋。"

○ 龜山楊氏曰: "〈西銘〉理一而分殊。知其理一, 所以爲仁; 知其分殊, 所以爲義。猶孟子言'親親而仁民, 仁民而愛物', 其分不同, 故所施不能無差等耳。"

○ 雙峯饒氏曰: "〈西銘〉前一節[27]明人爲天地之子, 後一節言人事天地, 當如子之事父母也。"

○ 右〈銘〉, 橫渠張子所作。初名訂頑, 程子改之爲西銘, 林隱程氏作此圖。蓋聖學在於求仁, 須深體此意, 方見得與天地、萬物爲一體眞實如此處, 爲仁之功始親切有[28]味, 免於莽蕩無交涉之患, 又無認物爲己之病, 而心德全矣。故程子曰: "〈西銘〉, 意極完備, 乃仁之體也。" 又曰: "充得盡時, 聖人也。"

---

25 女 : 中本・定本・樊本・上本에는 "汝"로 되어 있다.

26 沒吾寧也 : 癸本 중에 이 아래 하란에 "《禮記》'仁人之事親也如事天, 事天如事親, 此謂孝子成身', 卽〈西銘〉之原也。"라는 추기가 있는 판본이 있다.

27 節 : 樊本・上本에는 "絶"로 되어 있다.

28 切有 : 上本에는 "功末"로 되어 있다.

▶도판-03 第三小學圖

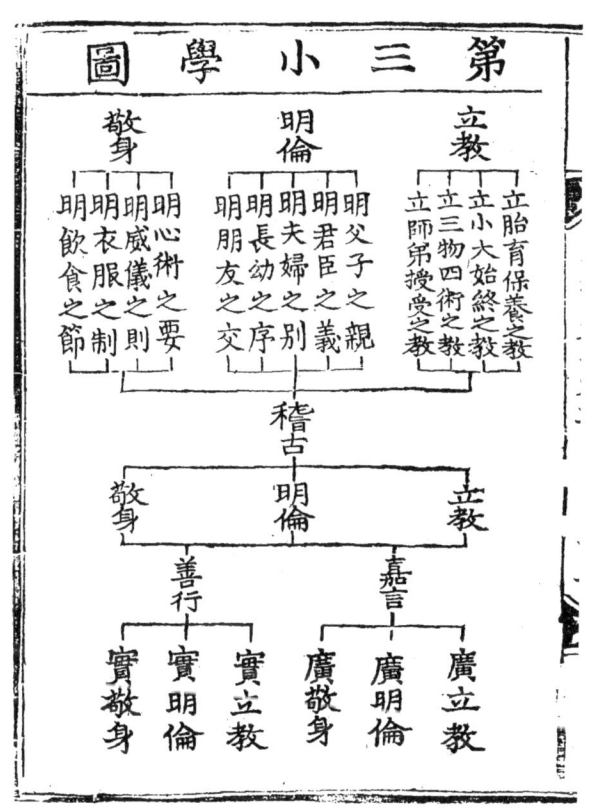

《小學》題辭

元亨利貞,天道之常。

仁義禮智,人性之綱。

凡此厥初,無有不善。

藹然四端,隨感而見。

愛親敬兄,忠君弟長。

是曰秉彝，有順無疆。
惟聖性者，浩浩其天。
不加毫末，萬善足焉。
衆人蚩蚩，物欲交蔽。
乃頽其綱，安此暴棄。
惟聖斯惻，建學立師。
以培其根，以達其支。
小學之方，灑掃應對。
入孝出恭，動罔或悖。
行有餘力，誦《詩》讀《書》。
詠歌舞蹈，思罔或逾。
窮理修身，斯學之大。
明命赫然，罔有內外。
德崇業廣，乃復其初。
昔非不足，今豈有餘？
世遠人亡，經殘教弛。
蒙養弗端，長益浮靡。
鄉無善俗，世乏良材。
利欲紛拏，異言喧豗。
幸茲秉彝，極天罔墜。
爰輯舊聞，庶覺來裔。
嗟嗟！小子，敬受此書。
匪我言耄[29]，惟聖之謨。

或問："子方將語人以大學之道，而又欲其考乎小學之書，何也?"朱子曰:"學之大小, 固有不同, 然其爲道則一而已。是以, 方其幼也不習之於小學, 則無以收其放心養其德性, 而爲大學之基本; 及其長也不進之於大學, 則無以察夫義理措諸事業, 而收小學之成功。今使幼學之士, 必先有以自盡乎灑掃應對進退之間、禮樂射御書數之習, 俟其旣長而後, 進乎明德、新民, 以止於至善。是乃次第之當然, 又何爲不可哉?"

曰:"若其年之旣長, 而不及乎此者, 則如之何?"曰:"是其歲月之已逝, 固不可追, 其功夫之次第、條目, 豈遂不可得而復補耶? 吾聞'敬'之一字, 聖學之所以成始而成終者也。爲小學者不由乎此, 固無以涵養本源, 而謹夫灑掃應對進退之節與夫六藝之敎; 爲大學者不由乎此, 亦無以開發聰明, 進德修業, 而致夫明德、新民之功也。不幸過時而後學者, 誠能用力於此以進乎大, 而不害兼補乎其小, 則其所以進者, 將不患其無本而不能以自達矣。"

○ 右《小學》, 古無圖。臣謹依本書目錄爲此圖, 以對《大學》之圖, 又引朱子《大學或問》通論大小之說, 以見二者用功之㮣29㮣。蓋小學、大學相待而成, 所以31一而二, 二而一者也。故《或問》得以通論, 而於此兩圖可以兼收相備云。

---

29 㮣 : 樊本에는 "毦"로 되어 있다.
30 㮣 : 中本·定本·樊本·上本에는 "梗"으로 되어 있다.
31 以 : 養校에 "'以', 館本'謂'。"라고 하였다. 계명대학교 도서관 소장《聖學十圖》初刊本(校書館本)에는 "謂"로 되어 있으니, 養校에서 館本이라 한 것은 이것을 가리키는 듯하다.

▶도판-04 第四大學圖

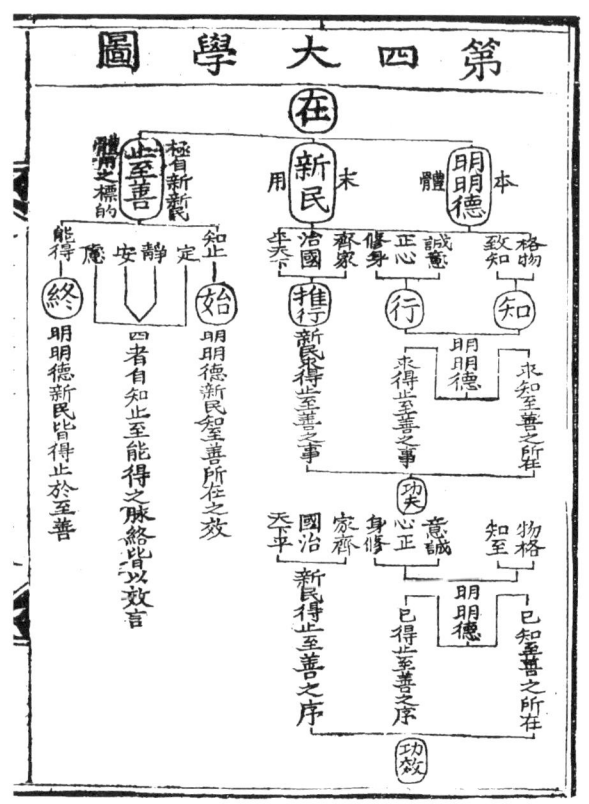

《大學》經

大學之道, 在明明德, 在新民, 在止於至善。知止而后有定, 定而后能靜, 靜而后能安, 安而后能慮, 慮而后能得。物有本末, 事有終始, 知所先後, 則近道矣。

　　古之欲明明德於天下者, 先治其國; 欲治其國者, 先齊其家; 欲齊其家者, 先修[32]其身; 欲修其身者, 先正其心; 欲正其心者, 先誠其意; 欲誠其意者[33], 先致其知, 致知在格物。物格而后知至, 知至而后意誠, 意誠而后心正, 心正而后身修, 身修而后家齊, 家齊而后國治, 國治而后天下平。

自天子以至於庶人, 壹是皆以修身爲本。其本亂而末治者, 否矣; 其所厚者薄而其所薄者厚, 未之有也。

或曰:"敬, 若何以用力耶?"朱子曰:"程子嘗以主一無適言之, 嘗以整齊嚴肅言之。門人謝氏之說, 則有所謂常惺惺法者焉; 尹氏之說, 則有其心收斂不容一物者焉云云。敬者一心之主宰, 而萬事之本根也。知其所以用力之方, 則知小學之不能無賴於此以爲始, 知小學之賴此以始, 則夫大學之不能無賴於此以爲終者, 可以一以貫之而無疑矣。蓋此心旣立, 由是格物致知以盡事物之理, 則所謂'尊德性而道問學'; 由是誠意正心以修其身, 則所謂'先立其大者而小者不能奪'; 由是齊家治國以及乎天下, 則所謂'修己以安百姓, 篤恭而天下平', 是皆未始一日而離乎敬也。然則'敬'之一字, 豈非聖學始終之要也哉?"

○ 右孔氏遺書之首章。國初臣權近作此圖, 章下所引《或問》通論大、小學之義, 說見〈小學圖〉下。然非但二說當通看, 幷與上下八圖皆當通此二圖而看。蓋上二圖是求端擴充體天盡道極致之處, 爲小學、大學之標準、本原; 下六圖是明善誠身崇德廣業用力之處, 爲小學、大學之田地、事

---

32 修 : 樊本・上本에는 "脩"로 되어 있다.

33 者 : 樊本에는 "則"으로 되어 있다.

功, 而敬者又徹上徹下, 著³⁴工收效, 皆當從事而勿失者也。故朱子之說如彼, 而今玆十圖, 皆以敬爲主焉。

【〈太極圖說〉言靜不言敬, 朱子註中言敬以補之。】

---

34 著 : 中本·定本에는 "着"으로 되어 있다.

▶도판-05 第五白鹿洞規圖

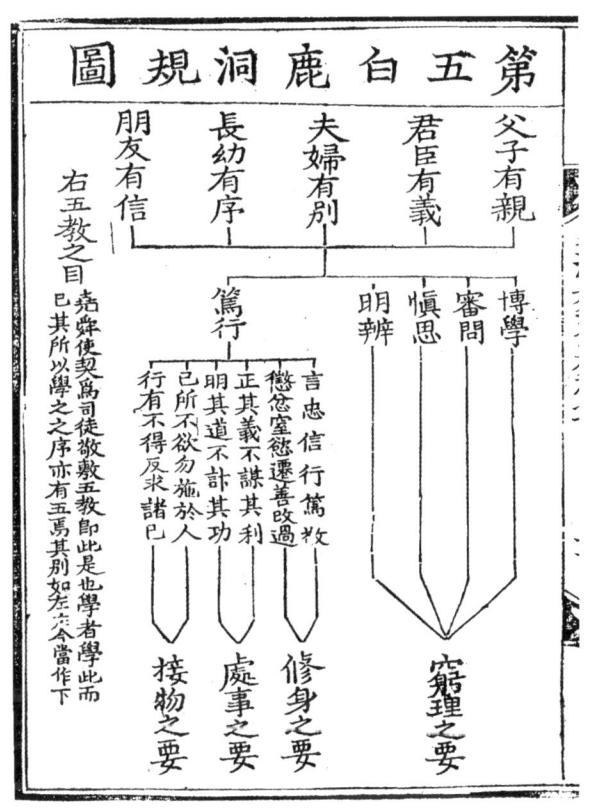

洞規後敍

熹竊觀古昔聖賢所以敎人爲學之意, 莫非講明義理, 以修其身, 然後推以及人, 非徒欲其務記覽爲詞章, 以釣聲名取利祿而已, 今之爲學者旣反是矣。然聖賢所以敎人之法具存於經, 有志之士固當熟讀深思而問辨之, 苟知理之當然, 而責其身以必然, 則夫規矩禁防之具, 豈待他人設之而後有所持循哉?

近世於學有規，其待學者爲已淺矣，而其爲法又未必古人之意也。故今不復施於此堂，而特取凡聖賢所以敎人爲學之大端，條列如右，而揭之楣間，諸君相與講明遵守，而責之於身焉，則夫思慮云爲之際，其所以戒謹恐懼者必有嚴於彼者矣。其有不然而或出於禁防之外，則彼所謂規者，必將取之，固不得而略也。諸君其念之哉！

○ 右規，朱子所作以揭示白鹿洞書院學者。洞在南康軍北匡廬山之南，有唐李渤隱于此，養白鹿以自隨，因名其洞。南唐建書院，號爲國庠，學徒常數百人。宋太宗頒書籍，官洞主以寵勸之，中間蕪廢，朱子知南康軍，請于朝重建，聚徒設規，倡明道學，書院之敎遂盛于天下。

　　臣今謹依規文本目，作此圖以便觀省。蓋唐、虞之敎在五品，三代之學皆所以明人倫，故規之窮理力行皆本於五倫。且帝王之學，其規矩禁防之具雖與凡學者有不能盡同者，然本之彝倫而窮理力行，以求得夫心法切要處，未嘗不同也。故幷獻是圖，以備朝夕瞀御之箴。
○ 以上五圖，本於天道，而功在明人倫、懋德業。

▶도판-06 第六心統性情圖[35]

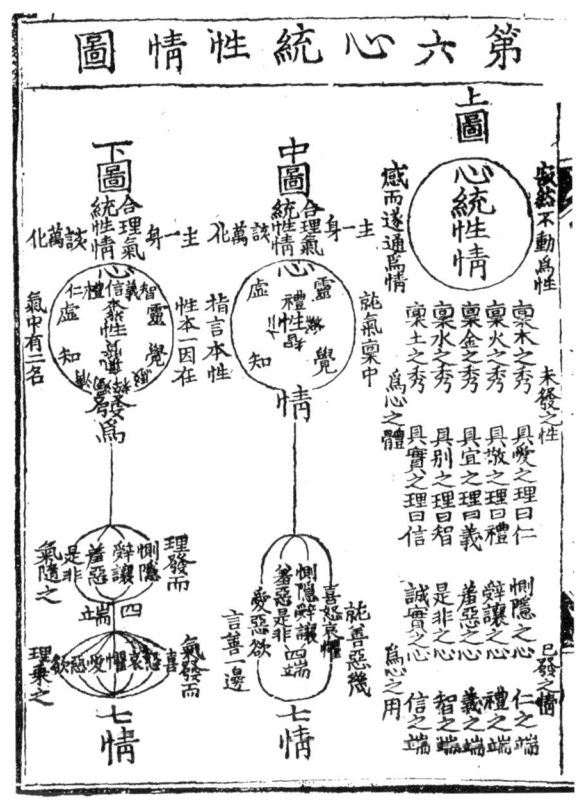

35 두주에 "上圖下方有'臣謹按, 程子云'信無端', 此有信之端, 竊恐當從程子說"二十一字, 見三十七卷〈答李平叔書〉。中圖有仁、義、禮、智、虛、靈、知、覺位置改本, 下圖有仁義禮智信、虛、靈、知、覺、清濁粹駁位置改本, 竝見三十卷〈與金而精別紙〉。"라고 하였다. 두주는 제7도〈心統性情圖〉에 대한 改本이 있음을 알리는 것이다. 그것은 퇴계가〈성학십도〉를 올린 후 밝힌 수정의견을 반영하는 것이었다. 文集에 수록된〈聖學十圖〉는〈進聖學十圖箚〉에 첨부된 자료라는 성격을 지니고 있다는 점에서 가급적 원형을 보존하여 수록한 것이라고 할 수 있다. 문집 외에 따로 통행된〈성학십도〉중에는 퇴계의 수정 의견을 반영한 것들이 있었다. 따라서 癸本에 이르러 두주에서 그러한 수정에 따른 改本이 있음을 기록해 둔 것이다. 이에 관해서는 문석윤, 退溪의〈聖學十圖〉修正에 관한 연구(《退溪學報》제130집, 2011.12) 참조.

心統性情圖說

林隱程氏曰: "所謂心統性、情者, 言人稟五行之秀以生, 於其秀[36]而五性具焉, 於其動而七情出焉, 凡所以統會其性、情者則心也。故其心寂然不動爲性, 心之體也; 感而遂通爲情, 心之用也。張子曰: '心統性、情。' 斯言當矣。心統性, 故仁、義、禮、智爲性, 而又有言仁、義之心者; 心統情, 故惻隱、羞惡、辭讓、是非爲情, 而又有言惻隱之心、羞惡・辭讓・是非之心者。心不統性, 則無以致其未發之中而性易鑿; 心不統情, 則無以致其中節之和而情易蕩。學者知此, 必先正其心, 以養其性而約其情, 則學之爲道得矣。"
【臣謹按程子〈好學論〉, "約其情"在"正心、養性"之前, 此反居後者, 此以"心統性、情"言故也。然究其理而言之, 當以程論爲順。○ 圖有未穩處, 稍[37]有更定。】

○ 右三圖, 上一圖, 林隱程氏作, 自有其說矣。其中、下二圖, 臣妄竊推原聖賢立言垂敎之意而作。

其中圖者, 就氣稟中, 指出本然之性不雜乎氣稟而爲言, 子思所謂天命之性、孟子所謂性善之性、程子所謂卽理[38]之性、張子所謂天地之性, 是也。其言性旣如此, 故其

---

36 秀: 養校에 "下'秀'字恐'靜'。"이라고 하였다. 陶山書院 소장의 1744년刊 校書館本에는 "靜"으로 고쳐져 있다. 하지만 원 출처인 程復心의《四書章圖》에 인용된 林隱程氏의〈心統性情圖〉원문에는 "秀"로 되어 있다.
37 稍: 樊本에는 없다.

發而爲情, 亦皆指其善者而言, 如子思所謂中節之情、孟子所謂四端之情、程子所謂何得以不善名之之情、朱子所謂從性中流出, 元無不善之情, 是也。

其下圖者, 以理與氣合而言之, 孔子所謂"相近"之性、程子所謂"性卽氣氣卽性"之性、張子所謂"氣質之性"、朱子所謂"雖在氣中, 氣自氣性自性, 不相夾雜"之性, 是也。其言性旣如此, 故其發而爲情, 亦以理氣之相須或相害處言。如四端之情, 理發而氣隨之, 自純善無惡, 必理發未遂而揜於氣, 然後流爲不善。七者之情, 氣發而理乘之, 亦無有不善, 若氣發不中而滅其理, 則放而爲惡也。夫如是, 故程夫子之言曰: "論性不論氣不備, 論氣不論性不明, 二之則不是。" 然則孟子、子思所以只指理言者, 非不備也, 以其並氣而言, 則無以見性之本善故爾, 此中圖之意也。

要之, 兼理、氣, 統性、情者, 心也, 而性發爲情之際, 乃一心之幾微、萬化之樞要, 善惡之所由分也。學者誠能一於持敬, 不昧理[39]、欲, 而尤致謹於此, 未發而存養之功深, 已發而省察之習熟, 眞積力久而不已焉, 則所謂'精一執中'之聖學、'存體應用'之心法, 皆可不待外求而得之於此矣。

---

38 理 : 樊本에는 "性"으로 되어 있다.
39 理 : 樊本에는 "利"로 되어 있다.

▶도판-07 第七仁說圖

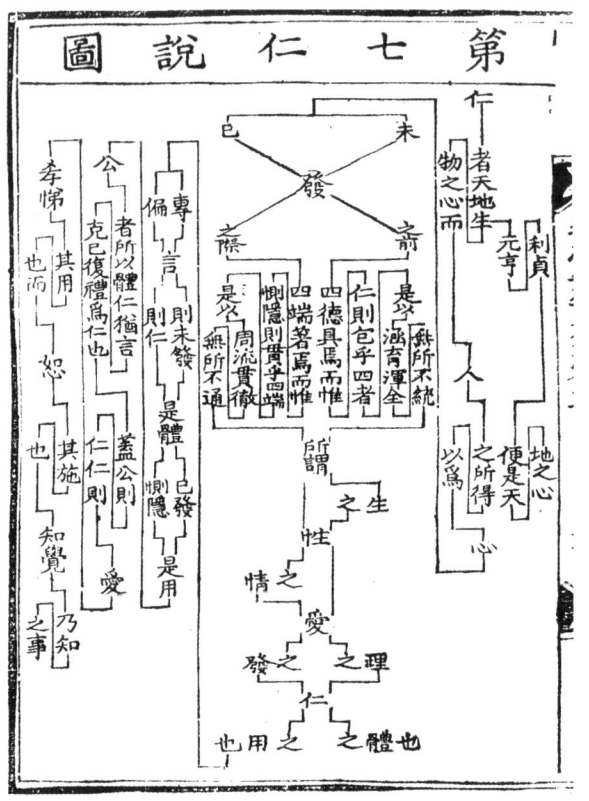

仁說

朱子曰:"仁者, 天地生物之心, 而人之所得以爲心。未發之前, 四德具焉, 而惟仁則包乎四者, 是以涵育渾全, 無所不統, 所謂生之性、愛之理, 仁之體也。已發之際, 四端著焉, 而惟惻隱則貫乎四端, 是以周流貫徹[40], 無所不通, 所謂性之情、愛之發, 仁之用也。專言則未發是體, 已發是用;偏言則仁是體,惻隱是用。公者所以體仁, 猶言克己復禮爲仁也。蓋公則仁, 仁則愛, 孝、悌其用也, 而恕其施也, 知覺乃知[41]之事。"

又曰: "天地之心, 其德有四, 曰元、亨、利、貞, 而元無不統[42], 其運行焉, 則爲春、夏、秋、冬之序, 而春生之氣無所不通。故人之爲心, 其德亦有四, 曰仁、義、禮、智, 而仁無不包, 其發用焉, 則爲愛、恭、宜、別之情, 而惻隱之心無所不貫[43]。蓋仁之爲道, 乃天地生物之心, 卽物而在, 情之未發而此體已具, 情之旣發而其用不窮, 誠能體而存之, 則衆善之源、百行之本莫不在是, 此孔門之敎所以必使學者汲汲於求仁也。

其言有曰'克己復禮爲仁', 言能克去己私, 復乎天理, 則此心之體無不在, 而此心之用無不行也。又曰:'居處恭, 執事敬, 與人忠。'則亦所以存此心也。又曰:'事親孝, 事兄悌, 及物恕。'則亦所以行此心也。此心, 何心也? 在天地則坱然生物之心, 在人則溫然愛人利物之心, 包四德而貫四端者也。

或曰:'若子之言, 程子所謂愛情仁性, 不可以愛名仁者, 非歟?'曰:'不然, 程子之所謂, 以愛之發而名仁者也; 吾之所論, 以愛之理而名仁者也。蓋所謂情、性者, 雖其分域之不同,

---

40 徹 : 樊本에는 "澈"로 되어 있다.
41 知 : 擬本의 추기에 "'乃知'之'知', '當作'智'。"라고 하였다.
42 統 : 中本·定本·庚本·甲本·樊本·上本에는 "通"으로 되어 있다. 擬本에는 "通"으로 되어 있고, 그 추기에 "'通',《朱子大全》及館本皆作'統'。"이라고 하였다. 養校에 "'通',《朱子大全》及館本皆作'統'。"이라고 하였다.
43 無所不貫 : 柳校에 "案《大全》, 此下有'故論天地之心者則曰乾元、坤元, 則四德之體用不待悉數而足; 論人心之妙者則曰仁人心也, 則四德之體用亦不待遍擧而該'五十字, 此蓋刪之歟。"라고 하였다.

然其脈絡之通各有攸屬者,則曷嘗離絕而不相管哉? 吾方病夫學者誦程子之言,而不求其意,遂至於判然離愛而言仁,故特論此,以發明其遺意,子以爲異乎程子之說,不亦誤哉?' 曰: '程氏之徒有以萬物與我爲一爲仁之體者,亦有以心有知覺釋仁之名者,皆非歟?' 曰: '謂物我爲一者,可以見仁之無不愛,而非仁之所以爲體之眞也;謂心有知覺者,可以見仁之包乎智矣,而非仁之所以得名之實也。觀孔子答子貢博施濟衆之問,與程子所謂覺不可以訓仁,則可見矣,子[44]安得以此而論仁哉?'"

○ 右〈仁說〉,朱子所述,幷自作圖,發明仁道,無復餘蘊。《大學》傳曰:"爲人君,止於仁。"今欲求古昔帝王傳心體仁之妙,盍於此盡意焉?

---

44 子:中本에는 "予"로 되어 있다.

▶도판-08 第八心學圖

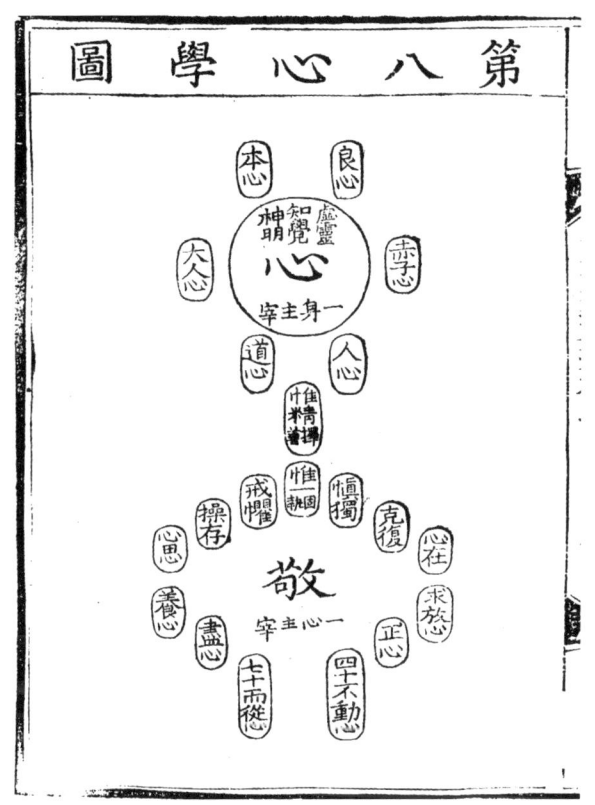

心學圖說

林隱程氏【復心】曰:"赤子心是人欲未汨之良心,人心卽覺於欲者;大人心是義理具足之本心,道心卽覺於義理者。此非有兩樣心,實以生於形氣,則皆不能無人心;原於性命,則所以爲道心,自'精一擇執'以下,無非所以遏人欲而存天理之工夫也。'愼獨'以下,是遏人欲處工夫,必至於不動心,則富貴不能淫,貧賤不能移, 威武不能屈, 可以見其道明德立矣。'戒懼'以下, 是存天理處工夫, 必至於從心, 則心卽體欲卽用, 體卽道用卽義, 聲爲律而身爲度, 可以見不思而得、不勉而中矣。要之, 用工之要俱不離乎一敬, 蓋心者一身之主宰, 而敬又一心之主宰也。學者熟究於主一無適之說、整齊嚴肅之說、與夫其心收斂‧常惺惺之說, 則其爲工夫也盡, 而優入於聖域亦不難矣。"

○ 右, 林隱程氏掇取聖賢論心學名言, 爲是圖, 分類對置, 多而不厭, 以見聖學心法亦非一端, 皆不可不用功力云爾。其從上排下, 只以淺深生熟之大槩言之, 有如此者, 非謂其工程節次如致知、誠意、正心、修身之有先後也。

或疑"旣云以大槩敍之, 求放心是用工初頭事, 不當在於心在之後"。臣竊以爲求放心, 淺言之則固爲第一下手著⁴⁵脚處, 就其深而極言之, 瞬息之頃, 一念少差亦是放。顏子猶不能無違於三月之後, 只不能無違, 斯涉於放, 惟是顏子纔差失, 便能知之, 纔知之, 便不復萌作, 亦爲"求放心"之類也。故程圖之敍如此。

程氏字子見, 新安人。隱居不仕, 行義甚備, 白首窮經⁴⁶, 深有所得, 著《四書章圖》三卷。元仁宗朝, 以薦召至, 將用之, 子見不願, 卽以爲鄕郡博士, 致仕而歸。其爲人如此, 豈無所見而妄作耶?

---

45 著 : 中本‧定本에는 "着"으로 되어 있다.
46 經 : 上本에는 "理"로 되어 있다.

▶도판-09 第九敬齋箴圖

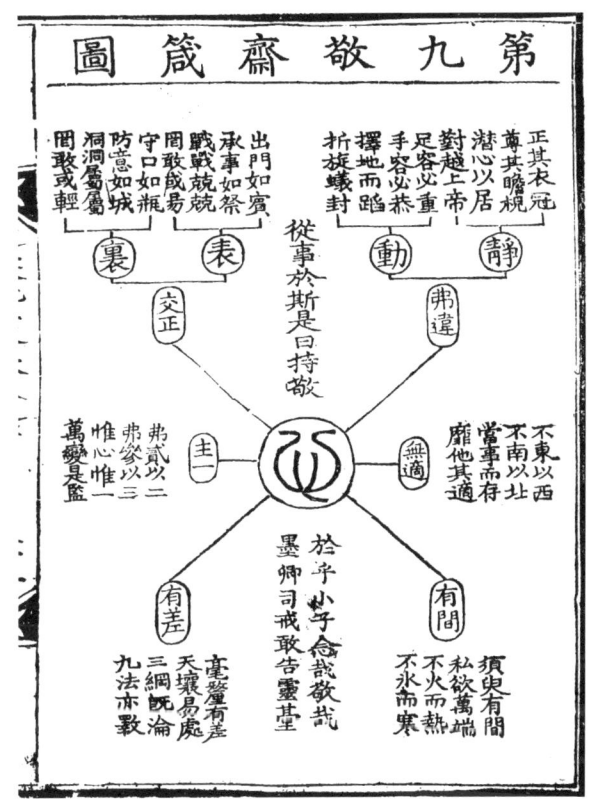

敬齋箴

正其衣冠, 尊其瞻視。

潛心以居, 對越上帝。

足容必重, 手容必恭。

擇地而蹈, 折旋蟻封。

出門如賓, 承事如祭。

戰戰兢兢, 罔敢或易。
守口如瓶, 防意如城。
洞洞屬屬, 罔敢或輕。
不東以西, 不南以北。
當事而存, 靡他其適。
弗貳以二, 弗[47]參以三。
惟精[48]惟一, 萬變是監。
從事於斯, 是曰持敬。
動靜弗[49]違, 表裏交正。
須臾有間, 私欲萬端。
不火而熱, 不冰而寒。
毫釐有差, 天壤易處。
三綱旣淪, 九法亦斁。
於乎小子, 念哉敬哉!
墨卿司戒, 敢告靈臺。

朱子曰: "周旋中規, 其回轉處欲其圓如中規也; 折旋中矩, 其橫轉處欲其方如中矩也。蟻封, 蟻垤也。古語云: '乘馬折旋於蟻封之間。'言蟻封之間, 巷路屈曲狹小, 而能

47　弗 : 上本에는 "不"로 되어 있다.
48　精 : 저본에는 "心"으로 되어 있다. 《朱熹集》卷85〈敬齋箴〉에 根據하여 修正하였다. 《星湖全集》卷13에 "精"이 되어야 한다고 하였다. 이는 이른바《書經》〈大禹謨〉의 "人心惟危, 道心惟微, 惟精惟一, 允執厥中。"에 의한 것이다.
49　弗 : 上本에는 "不"로 되어 있다.

乘馬折旋於其間, 不失其馳驟之節, 所以爲難也。守口如瓶, 不妄出也。防意如城, 閑邪之入也。"

又云:"敬須主一, 初來有介[50]事, 又添一个, 便是來貳, 他成兩个, 元有一个, 又添兩个, 便是[51]參[52], 他成三[53]个。須臾之間, 以時言; 毫釐之差, 以事言。"

○ 臨川吳氏曰:"〈箴〉凡十章, 章四句。一言靜無違, 二言動無違, 三言表之正, 四言裏之正, 五言心之正而達於事, 六言事之主一而本於心, 七總前六章, 八言心不能無適之病, 九言事不能主一之病, 十總結一篇。"

○ 西山眞氏曰:"敬之爲義, 至是無復餘蘊, 有志於聖學者, 宜熟復之。"

○ 右〈箴〉題下, 朱子自敍曰:"讀張敬夫〈主一箴〉, 掇其遺意, 作〈敬齋箴〉, 書齋壁以自警云。"又曰:"此是敬之目, 說有許多地頭去處。"

臣竊謂地頭之說, 於做工好有據依, 而金華 王魯齋【栢[54]】排列地頭作此圖, 明白整齊, 皆有下落又如此, 常宜體玩警省於日用之際心目之間, 而有得焉, 則敬爲聖學之始終, 豈不信哉?

---

50 介 : 甲本에는 "个"로 되어 있다. 養校에 "'个', 《語類》'介'."라고 하였다.

51 是 : 養校에 "'是', 《語類》'來'."라고 하였다.

52 參 : 定本의 교정기에 "三"이라고 하였다.

53 三 : 中本에는 "參"으로 되어 있다. 定本에는 "參"으로 되어 있고, 그 교정기에 "三"이라고 하였다.

54 柏 : 中本에는 大字로 되어 있다. 定本에는 "栢"으로 되어 있다.

▶도판-10 第十夙興夜寐箴圖

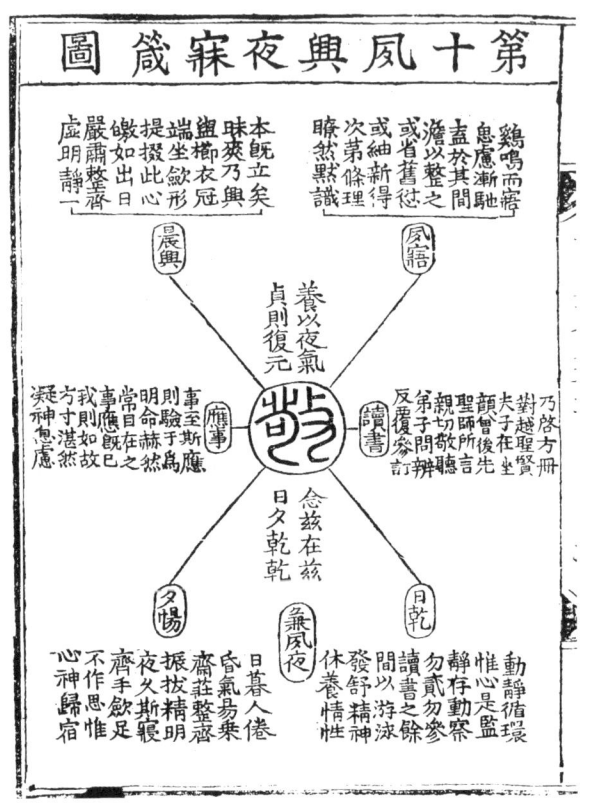

夙興夜寐箴

雞鳴而寤, 思慮漸馳。

盍於其間, 澹以整之?

或省舊愆, 或紬新得。

次第條理, 瞭[55]然默識。

本旣立矣, 昧爽乃興。

盥櫛衣冠, 端坐斂形。
提掇此心, 皦如出日。
嚴肅整齊, 虛明靜一。
乃啓方冊, 對越聖賢。
夫子在坐[56], 顔曾後先。
聖師所言, 親切敬聽。
弟子問辨, 反覆參訂。
事至斯應, 則驗于爲。
明命赫然, 常目在之。
事應旣已, 我則如故。
方寸湛然, 凝神息慮。
動靜循環, 惟心是監。
靜存動察, 勿貳勿參。
讀書之餘, 間以游泳。
發舒精神, 休[57]養情性。
日暮人倦, 昏氣易乘。
齋莊整[58]齊, 振拔精明。
夜久斯寢, 齊手斂足。
不作思惟, 心神歸宿。
養以夜氣, 貞則復元。

---

55 瞭 : 上本에는 "暸"로 되어 있다.

56 坐 : 樊本·上本에는 "座"로 되어 있다.

57 休 : 定本·甲本에는 "体"로 되어 있다. 養校에 "休"라고 하였다.

58 整 : 養校에 "'整'之▨……▨."라고 하였다.

念玆在玆, 日夕乾乾。

○ 右〈箴〉, 南塘陳茂卿【柏[59]】所作以自警者。金華王魯齋嘗主敎台州上蔡書院, 專以是箴爲敎, 使學者人人誦習服行。

臣今謹倣魯齋〈敬齋箴圖〉, 作此圖以與彼圖相對, 蓋〈敬齋箴〉有許多用工地頭, 故隨其地頭而排列爲圖; 此箴有許多用工時分, 故隨其時分而排列爲圖。夫道之流行於日用之間, 無所適而不在, 故無一席無理之地, 何地而可輟工夫? 無頃刻之或停, 故無一息無理之時, 何時而不用工夫? 故子思子曰: "道也者, 不可須臾離也。可離, 非道也。是故君子戒愼乎其所不睹, 恐懼乎其所不聞。"又曰: "莫見乎隱, 莫顯乎微, 故君子, 愼其獨也。"此一靜一動, 隨處隨時, 存養省察交致其功之法也。果能如是, 則不遺地頭而無毫釐之差, 不失時分而無須臾之間, 二者並進, 作聖之要其在斯乎!

○ 以上五圖, 原於心、性, 而要在勉日用崇敬畏。

---

59 柏: 中本·定本에는 "栢"으로 되어 있다.

KNW012(箚-4)(癸卷7:35左)(樊卷7:35左)

辭免大提學箚子【戊辰八月二十日】[60]

臣[61]身抱痼疾, 老殘昏廢, 百無一堪, 每遇朝廷任使, 輒未承當, 蘄求避免。以此之故, 前後罪戾, 不可勝數, 惶恐無地, 亦不容已。

況玆文翰之任, 其責尤重, 在先王朝嘗被誤授, 控辭再三, 卽許遞免。玆蓋伏蒙先王深察小臣實病非詐, 不可强使, 懇辭情矜, 不忍迫就故也。

自是而後, 臣病憊篤, 日以益甚, 心氣作患, 積熱在中, 一有勤勞撓動之事, 則心火炎上, 徧體熏熱, 怳惚怔忪, 眩瞀昏窒, 狀如迷罔之人。或至於甚, 則上氣虛喘, 俄頃奄奄, 多方自

---

60 戊辰年(宣祖1, 1568년, 68세) 8월 20일 서울에서 쓴 것이다.〔編輯考〕初本의 부전지에 "入箚卷."이라고 하였고, 中本의 부전지에 "箚子【戊辰八月二十日】"이라고 하였고, 또 다른 부전지에 "乃呈辭, 或啓辭, 啓狀未穩, 箚子則當, 亦議定."이라고 하였다. 中本 두 번째 부전지 내용을 통해 목판본《退溪集》편집 과정에서 이 글의 분류에 대한 이견들이 있었음을 알 수 있다. 즉, 처음에는 啓狀으로 분류했으나, 呈辭 혹은 啓辭이므로 啓狀에 편성하는 것은 온당치 않고 箚子로 분류하는 것이 타당하지만 의논을 거쳐 결정해야 한다는 것이다. 첫 번째 부전지를 통해 결국 箚子로 결정된 것을 알 수 있다. 初本에는 又(《大提學辭免》)第四, 즉 大提學을 사면하는 辭狀/啓辭 10개 중 4번째로 편성되어 있다. 나머지 9개는 목판본《退溪集》에서는 辭狀/啓辭를 모아 놓은 권8에 실려 있다. 즉, 앞의 3개는 乞免 辭狀에, 뒤의 6개는 謝恩後辭勉 啓辭로 분류되어 있다. 中本에서는 처음에는 10개 전체를 啓狀으로 분류하였다가 그를 수정하였으며, 현재의 목판본《退溪集》은 그러한 수정 의견을 충실히 반영한 것이라고 할 수 있다. 初本에는〈又第四【八月二十日】〉으로 되어 있고, 中本에는〈辭免大提學啓狀四〉로 되어 있다.

61 臣 : 初本의 추기에 "云云"이라고 하였다. 中本에는 앞에 "云云"이 있고, 부전지에 "去'云云', 當云'伏以'."라고 하였다.

救, 得汗稍息。

痰證[62]素重, 百病所因, 其在冬節, 閉門藏縮, 畏風怯寒, 不敢冒觸。或不得已而出, 則雖厚襲衣裘, 猶時不免寒氣徹骨, 懍痒[63]顫掉, 因發傷寒, 痰盛暴嗽, 項背臍脇, 四肢百骸, 無不牽痛, 沈綿輾轉, 不日不月。

往在甲寅、戊午兩年之冬, 在都下得病如此, 跨朔四五, 瀕死復蘇, 不得從仕, 徒費國廩, 盜竊無異。

臣懲此以自悼, 反覆思量, 身在于朝, 未有免罪之策[64], 故多年屛退, 苟延性命, 累被嚴召, 亦難急趨, 種種狼狽, 皆由身病而致, 則臣之乞辭文任之罪, 非自今日而然, 亦非矯飾而爲, 事甚關而情甚苦, 出於萬萬切迫也。

且今臣犬馬之齒已近[65]七十, 而病復如許, 設使臣曾受此任, 至今日亦當披訴腷臆, 以期蒙恩而釋負矣, 豈宜反以昔日已辭之重負, 而加今日顚仆之殘軀乎？

行於平日猶不可, 而況先王實錄, 撰述丕業, 傳信萬世, 事任至重, 功緖甚鉅, 而臣忝是局, 臣豈可以本局爲臣養病之坊, 經冬涉春, 弗躬弗事, 而食其食利其需乎？

臣聞無功而食於上, 謂之不恭; 不事而居其官, 謂之尸位。尸位不恭, 人臣之大罪。臣之妄意, 雖臣之不知辭避, 聖朝自

---

62 證 : 上本에는 "症"으로 되어 있다.

63 懍痒 : 上本에는 "禁痒"로 되어 있고, 擬校에 "'痒', 所錦切, 切切寒戰貌。"라고 하였다. 저본에는 "懍"으로 되어 있으나 "懍"이 옳을 듯하므로, 다른 곳의 定草本에 의거하여 수정하였다.

64 策 : 樊本에는 "責"으로 되어 있다.

65 近 : 初本·中本에는 "過"로 되어 있고, 中本의 교정기에 "近"이 있다.

當簡[66]去斥退, 而命本員仍本職, 以付大典策之作, 不當以一時爵秩高下微細之故而輕易兩易, 必使臣自納於尸位不恭之罪而後, 從而去之也.

臣伏見本員臣淳, 以方年盛業, 重選淸望, 受任未久, 應接詔使, 摛文華國, 略無闕事, 不知何名遽遞於彼而加之於臣? 非臣所敢安受. 雖使臣不恤老病, 不顧前後, 妄出而擔[67]取, 屈指始史之期, 當寒之日, 才旬朔耳, 而臣之不堪, 則今已決知其必然矣.

至於是, 又不得不收於臣而還之於彼, 在彼亦近煩數, 是聖朝無故而有擧措之失, 由於小臣無狀之故也.

《詩》曰:"老馬反爲駒, 不顧其後." 此言小人無恥, 但知肆貪欲以取爵位, 而不知其不勝任, 如老馬憊矣, 而反自以爲駒, 不顧其後, 將有不勝任之患也.

臣請辭崇品, 今過半歲而不得請, 辭文任已至三狀而不許, 以如是老憊而將陷於不勝任之罪, 是何以異於老馬而爲駒詩人之所刺哉'?

當臣初授此任, 時史局未設, 猶有不稱之譏, 及旣設史局, 則物論皆以臣爲不勝其任, 臣何敢冒受乎? 故爲今之計, 莫如只除其兩易, 而遞臣提學, 則臣淳亦無所辭避, 而事皆得宜矣.

伏乞聖慈, 試以是再下咨審, 則臣之危懇, 庶可以鑑察其非誣矣. 臣不勝激切祈祝之至. 取進止.[68]

---

66 簡: 養校에 "'簡'疑'刊'."이라고 하였다.
67 擔: 上本에는 "濫"으로 되어 있다.
68 止: 樊本·上本에는 뒤에 "備忘記"라는 제하에 "敎曰:'疏章之意, 若是其切迫,

KNW013〔箚-5〕〔癸卷7:38右〕〔樊卷7:38左〕

乞解職歸田箚子【九月二十日】[69]

臣頃於榻前, 自陳危懇, 乞賜骸骨歸田里, 意迫辭拙, 誠未格天。伏承睿旨, 嚴諭不聽, 惶遽而退。其明日, 因實錄廳總裁官洪暹啓請, 令臣仍仕實錄廳, 有旨須先諭臣知會, 然後捧承傳, 復蒙聖慈軫臣寒疾, 優許間仕, 庶幾得保彫殘之命, 異恩罔極, 感仄無地。第念臣螻蟻微悃, 不敢以畏煩瀆而不盡達焉。

臣前日所陳禮義廉恥之說, 罪在臣身, 事關治體。昔管仲, 伯者之佐, 猶云: "四維不張, 國乃滅亡。" 賈誼, 漢儒之徒, 尙以"風波船覆", 撫世寒心。況今聖明之朝, 豈可使如臣者, 負罪四維, 而不加裁處乎?

夫禮義廉恥, 爲國大防, 而其責尤在於士大夫辭受進退之間。臣當三品二品而辭去, 至一品而來受, 是不足則辭, 滿足則受也。當嘉善而仕三日, 資憲而仕二朔, 輒退去, 至於崇品, 知進而不知退, 是不足則退, 滿足則進也, 臣之於辭受進退, 棄禮義捐廉恥, 不亦甚乎?

雖然, 不當受而誤受, 知辭而亟去, 不當進而誤進, 知非而

予亦知卿意。雖然, 文翰之任, 至大至重, 故已與大臣議定, 卿雖有病, 調理出仕, 但皆以爲不勝其任云, 豈有如此之物論哉。宜勿辭.'"가 있다.

69 戊辰年(宣祖1, 1568년, 68세) 9월 20일 서울에서 쓴 것이다. 〔編輯考〕 中本의 부전지에 "箚子【戊辰九月二十日】"라고 되어 있고, 또 다른 부전지에 "'啓'字去, '箚'下有'子'字."라고 하였다. 부전지의 내용을 통해 中本에서 이 글의 명칭이 처음에는 "啓箚"였으나 후에 "箚子"로 수정한 것을 알 수 있다. 中本에는 〈乞解職歸田啓箚〉로 되어 있고, 定草本에는 〈乞解職歸田箚子【戊辰九月二十日】〉로 되어 있다.

速退, 則猶可以少贖前罪之萬一, 此臣所以冒犯天威, 乞辭退歸, 迫切之至情也.

且臣曾無一分勞效, 徒以虛名欺世, 病伏私家, 盜竊王爵, 躐階超班, 以至於此. 又今來, 每事規避, 所不能免者, 惟有經筵一事, 而寒月將近, 病廢曠職之罪, 無路自脫, 日夜憂惕, 而況實錄之務, 前辭文任時, 已辭蒙免, 而復此委加, 合此二事, 皆爲莫重之責, 而冬春三四朔間, 專[70]廢仕進, 尸位素餐, 無疑矣. 臣雖欲貪慕久處, 其如管仲、賈誼所憂何哉?

故古昔盛時, 君臣胥重此義, 當辭許辭, 當退許退, 未嘗敢有曲相拘徇, 而壞其大防也.

數日霜寒, 臣患日增, 不及此時, 後雖許退, 臣不得冒寒而歸, 自納於尸曠之誅. 臣來由恩召, 今若至於顚沛, 則其爲聖朝羞纇, 豈不重大? 臣無任兢懼恫瘝之至.

伏乞聖慈俯賜矜察, 許解臣職, 放歸田里, 一以示聖朝謹守大防之義, 一以遂微臣無渝素心之願, 不勝幸甚. 取進止.[71]

KNW014(箚-6)(癸卷7:40右)(樊卷7:40右)

乞退箚子【己巳二月二十五日】[72]

判中樞府事臣李滉謹再拜上言. 伏以自古人臣辭受進退, 各有

---

70 專 : 中本에는 "全"으로 되어 있다.
71 中本의 상란 부전지에 "此間三狀闕.", "存其目, {可}也."라고 하였고, 추기에 "然未考狀耶箚耶?"라고 하였다.

其義, 什百不齊。其間有安分守志不欲苟進者, 有老病難仕竊祿爲恥者, 不可以一槪論也。

頃者大司憲白仁傑所啓"以草野之士, 召而不至, 爲主上不聽諫之故"。此仁傑因事激論, 欲以感動天意, 其願忠納誨之誠, 至矣, 固聖上所當警[73]省思改處。然若一向如此說, 則恐或非其人之本心, 而不無有妨於聖上樂善求士之美意也。

仁傑所稱, 似指曺植、李恒而言也。以臣觀之, 曺植高抗之士, 本不欲屈首風塵中, 李恒從事學問之人, 非偏以不仕爲高, 二人心跡, 亦不同也。

是以在先王朝, 雖皆嘗應命而至, 植則纔入對, 卽遁去還山, 恒受命出守, 數年而後歸, 其不同如此。然皆年老多病, 前旣勉强一出而歸矣, 豈復有再作扶曳之行、屑屑往來之理乎?

故雖被聖上側佇之召, 彼於惶感[74]之餘, 自度難堪, 踧踖而不敢來耳, 有何云云之意乎? 而其有操守廉介之節, 爲可尙也。故古之帝王, 於此等之人, 來則喜而延之, 不來亦嘉而獎之, 未嘗疑其有不滿於我, 而生猜阻於其間, 茲又太平之世盛德之事也。

若如小臣者, 雖果有乞退之志, 其實有大不同於彼二人, 仁傑不及細思而竝白之。臣於是日, 亦忝入侍, 不任驚怖惶惑[75]

---

72 己巳年(宣祖2, 1569년, 69세) 2월 25일 서울에서 쓴 것이다. 初本에는 〈乞退箚第一【二月二十五日】〉로 되어 있다. 中本에는 〈乞退啓箚〉로 되어 있고, 부전지에 "'啓'字去. '箚子'", "'箚子'", "【己巳二月二十五日】"이라고 하였다.

73 警 : 定草本에는 "驚"으로 되어 있다.

74 感 : 中本·定草本에는 "惑"으로 되어 있고, 추기에 "'惑', 一作'感', 恐是."라고 하였다.

之至, 罪當萬死, 莫敢開口而退。

　然微臣私悃, 不可不少自陳於天日之下。臣自少隨世混俗, 爭名逐利, 從仕十有餘年, 臣[76]病太甚, 不得已而退歸, 及其召旨之降, 又不得已而復進。

　在中宗朝如是者一, 明宗朝如是者四, 逮于當代, 如是者亦一, 而今又將乞退而歸, 其前之六退也, 皆緣愚病老病之故, 豈獨於今之一退以主上聽諫與否而爲之乎? 萬萬無此理。

　伏願聖明, 優容仁傑之言, 但取其願忠納誨之至意而從之, 莫或有疑[77]於其他, 草野之士, 豈不幸甚? 老病近死之臣, 亦得免罪而終遂區區之願矣。臣不勝祈懇。取進止。

KNW015(箚-7)(癸卷7:42右)(樊卷7:42右)

乞致仕歸田箚子一【二月二十八日】[78]

日昨, 伏承傳敎, 不勝惶懼, 無地容措。臣聞無功而食於上, 謂之不恭; 失職而不能去, 謂之無義。不恭與無義, 何以爲王臣乎?

75　惑 : 樊本에는 "感"으로 되어 있다.
76　臣 : 養校에 "'臣'恐'身'."라고 하였다.
77　疑 : 樊本·上本에는 "意"로 되어 있다.
78　己巳年(宣祖2, 1569년, 69세) 2月 28日 서울에서 쓴 것이다. 初本에는 〈又第二【二月二十八日】〉로 되어 있다. 中本에는 〈乞致仕歸田啓箚一〉로 되어 있고, 부전지에 "箚子", "'子'下, 疑當有'一'字.", "一【己巳二月二十八日】"이라고 하였다. 定草本에는 〈乞致仕歸田箚子一【己巳二月二十八日】〉로 되어 있다.

臣山野微蹤，樗櫟散材，盜名欺世，搏取高爵，揆之禮義，本當不來，辭避不終，靦顏入朝，無恥之責，已難逃矣。

旣來之後，灼見其負乘尸位，不可冒處，尤當旋乞骸骨，納祿而歸，則不恭之罪，猶可免也。顧乃貪戀榮利，依違苟且，秋而不歸，跨冬涉春，其間罪犯，積累如山。聖恩旣務於包荒，物論又付之相忘，臣若欲保而不言，四維由臣而掃地矣。

臣職在經幃，學淺辭訥，誠未格天，進對之際，無一句可以濬發睿智，臣罪一也。寒疾作痼，動輒劇發，自從至月，闕於侍講，殆六七十日矣，臣罪二也。先王實錄，莫大重事，猥忝撰局，曠仕缺職，臣罪三也。文衡之任，曾被眷命，老昏病耗，不能承當，臣罪四也。銓曹長官，又叨隆寄，揣分量才，自求退縮，臣罪五也。吉凶孝享，百僚奉承，畢精殫義，臣獨何人，稀與駿奔？臣罪六也。事不辭難，臣子職分，每事規避，難諉老病，臣罪七也。識慮疎短，不通世務，一有籌畫，乖舛難行，臣罪八也。

臣身在外，固知臣若入朝，必有此罪戾，所以力辭召命，而終未蒙許。去秋乞退，亦知臣若經冬，必有此愆違，所以力請致仕，而又不見省。夫不許不省，聖朝豈不以臣猶可任使也？

今臣受任，而罪戾愆違，一至於此，此而不去，八罪又加成九，而其罪益大。

臣伏念日月下臨，容光必照，天地普恩，無物失所。古之致仕者，不必皆在於七十。況臣百病之身，前去七十，僅有十朔乎？

伏乞察臣得罪之由，開臣徇義之路，渙發德音，令臣依禮致仕而歸，積愆可洒於微躬，四維無壞於淸朝，斯爲兩全，豈不幸甚？臣無任區區激切祝望之至。取進止。

KNW016(箚-8)(癸卷7:43左)(樊卷7:44右)

乞致仕歸田箚子二【二月二十九日】[79]

前判中樞府事臣李滉謹再拜上言。臣於昨日，伏罄丹忱，仰籲蒼穹，自陳九罪，乞解職歸鄉，未蒙允許[80]，惶悒而退，渴候來日，更披危懇，庶遂螻蟻之願，不意伏睹是日除目以臣爲議政府右贊成，臣不覺其驚倒眩惑，繼之以隕越慚汗。

臣雖不敢不以大恩爲淪肌浹骨之感，亦不敢遽以私義爲弁髦土梗之棄，一夕九遷，目不交睫。既已難於拜受，又不可以徑退，乃復蒲伏闕外，用申乞辭之情。

臣伏以古先哲王，非不切於愛惜人士，其人進退，亦有關於國家輕重。然當其不得已之去，則必勉而從之者，豈不以君臣義合，苟急於當去，而堅執不聽，則是上之於下，有相處以牛維馬縶之失；下之於上，有自納於蠅營狗苟之罪，上下之交，本至嚴至敬之地，不可若是其相欺相瀆也？是以，雖惜其去，而不得以不許，況不足惜者乎？雖感其恩，而不得以不辭，況

---

79 己巳年(宣祖2, 1569년, 69세) 2월 29일(그믐) 서울에서 쓴 것이다. 初本에는 〈又第三【二月二十八日】〉로 되어 있다. 中本에는 〈乞致仕歸田啓箚二〉로 되어 있고, 부전지에 "削. '箚子'", "箚子", "二【己巳二月二十九日】"이 있다. 定草本에는 〈乞致仕歸田箚子二【己巳二月二十九日】〉로 되어 있다.

80 許：庚本·甲本·擬本·樊本·上本에는 "諭"로 되어 있다. 擬校에 "'諭', 初本'許'."라고 하였다.

曾所辭者乎?

今茲所除之職, 臣於去年正月, 已被誤恩。臣時在家, 自度其愚陋病廢之身, 器非廊廟, 材乏經綸, 貳公重職, 非可以冒處, 抵死辭避, 至于六閱月, 特命替授閑職, 然後敢來。

若使臣到今日而可受[81]此職, 則去年之所以苦請力辭者, 皆歸於矯情飾詐非實心也。爲人如此, 豈合於聖朝之用? 如其不然, 而實出於情悃, 則今日又豈可妄受去年之所辭乎?

況臣自去年入朝以來, 闕職避事, 積罪多多, 如昨箚所陳。故見任之職, 極不敢當, 方且瀝血控陳, 覬得恩許之不暇。正當此時, 忽見隆重之除, 乃頓忘前辭, 而受新命, 苟粗知事君之義者, 豈敢爲此乎?

此臣所以感恩雖深而不敢拜受, 乞退雖煩而不獲遂寢, 進退須審於措躬, 辭受必孚於昭鑑。

伏望聖慈廓天地之量, 垂日月之光, 矜諒哀迫之情, 亟收新除之命, 許臣前請, 終得放歸。臣無任激切戰兢之至。取進止。

KNW017(箚-9)(癸卷7:45右)(樊卷7:45左)

乞致仕歸田箚子三【三月二日】[82]

前判中樞府事臣李滉謹昧死再拜上言。伏以臣頃入兩箚, 方乞

---

81 受 : 樊本·上本에는 "授"로 되어 있다.
82 己巳年(宣祖2, 1569년, 69세) 3월 2일 서울에서 쓴 것이다. 初本에는 〈又第四【三月初二日】〉로 되어 있다. 中本에는 〈乞致仕歸田啓箚三〉으로 되어 있고, 부전지

辭退, 忽奉除命, 以臣爲議政府右贊成。臣不勝其驚懼失措, 以爲因辭獲進, 決無可受之理, 乃敢干冒雷霆, 具箚陳情, 猥蒙垂照, 卽許命遞, 天地生成, 無物不遂。伏讀降旨, 感激涕零。然而微忱危懇, 猶有未盡徹聞者。聖主之誤眷未替, 愚臣之私憫依舊, 玆用不避煩瀆, 更切陳懇。

伏念臣今者乞退, 正緣多罪之身, 不可以久誤主眷, 而逮蒙聖敎, 尙有倚重欲留之語, 臣所憫鬱, 於是爲極矣。

夫士之所恥, 莫甚於騁虛名而取實利；國之所患, 莫大於眩虛譽而誤用人。臣以駑鈍之材、斗筲之器, 處身失當, 馴致於聲聞過情, 以犯亞聖之至戒, 臣罪已深。乃反因此而欺君父, 媒爵祿, 享大利, 而不知恥, 則臣之失其本心, 不亦甚乎？

且臣雖頑固無狀, 豈不知遭逢四聖, 前後寵恩, 與天無極哉？其所以欲退之志如水必東者, 無他, 所得者虛名, 所享者大利, 君父不可以欺罔, 病身不能以勉强。細思處身之宜, 不可一日安於朝列, 此臣所以自斷一生以退爲義者也。

向使國家不知臣之虛實而誤用之, 臣猶當自首己罪而避之。今則不然, 由臣之前後自陳而可知其爲虛名, 由臣之幾年從仕碌碌無補而可知其爲無實矣。夫旣知其虛名無實, 則不待其辭而斥去之, 可也, 奈何指虛而强以爲實, 因辭而勒之使留乎？

臣聞古之爲人臣者, 有乞骸之退, 有致仕之去, 愚不勝任則許退, 病不勝任則許退, 老不勝任則許退。夫如是, 故下不

에 "箚子", "三【己巳三月二日】"이 있다. 定草本에는 〈乞致仕歸田箚子三【己巳三月二日】〉로 되어 있다.

得罪於上, 君亦畢恩於臣矣。惟我聖朝, 獨於此事, 久不舉行, 雖以如臣之愚, 加以積病, 而困於虛名, 迫於君命, 自癸卯至于丁卯二十五年之間, 凡六進而六退, 顚倒狼狽, 無所不有, 若可以已矣。何圖一二年來, 欺天益甚, 除命益峻, 促召愈嚴, 以及去年之秋, 則又不免一番顚倒狼狽而來? 臣自念前無勞績, 後無期效, 以自古所無之事, 而一朝加之於至愚無用之身, 仰慚俯慄, 無顏以立於世。然懇辭不許, 請歸不省, 側身冒處, 已經年歲矣。

今也臣之愚[83]狀, 靡所隱藏, 臣有罪戾, 又皆畢見, 臣之負聖朝, 舉世皆知矣。不及此時而得遂賜骸之請, 則因循時月之際, 不知復誤聖朝之幾事, 更作微身之幾罪耶? 無益於聖治, 有妨於賢路, 憂勞焦灼, 心病日劇。不當進而冒進, 已至於七次, 所當退而必退, 何闕於最後乎?

伏願聖慈矜軫愚誠, 曲施洪造。貳公之重, 旣幸恩遞, 兼帶經筵春秋, 倂望許遞, 令臣依願致仕而歸, 庶幾愚臣免死[84]素餐之譏, 得[85]遂本志之守。臣無任拳拳切祝之至。取進止。

---

83 愚 : 上本에는 "無"로 되어 있다.
84 死 : 定草本의 추기에 "'死'字當考。"라고 하였다.
85 得 : 樊本에는 "退"로 되어 있다.

KNW018(經筵講義-1)(癸卷7:47左)(樊卷7:48右)

〈乾卦上九〉講義[86]

▶도판-11 乾卦上九圖

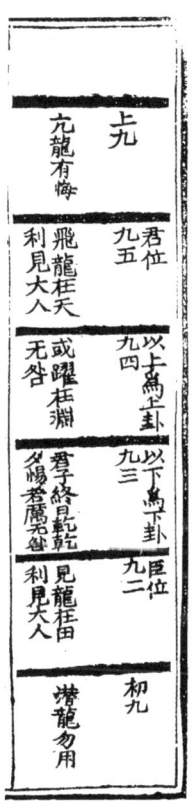

---

[86] 戊辰年(宣祖1, 1568년, 68세) 9월 14일 서울에서 쓴 것으로 추정된다. 〔編輯考〕 退溪가 쓴 經筵講義는 2편이다. 庚本에 모두 수록되었다. 中本에는 〈乾卦上九講議〉 로 되어 있고, 부전지에 "{議, 一}作義。"라고 하였다.

〈文言〉曰:"'亢龍有悔', 何謂也? 子曰: '貴而无位, 高而无民, 賢人在下位而无輔。是以, 動而有悔也。'"又曰:"亢之爲言也, 知進而不知退, 知存而不知亡, 知得而不知喪。其唯聖人乎! 知進退存亡而不失其正者, 其唯聖人乎!"

臣謂人君勢位高亢[87], 苟不知進極必退、存必有亡、得必有喪之理, 至於亢滿, 則志氣驕溢, 慢賢自聖, 獨智馭世, 不肯與臣下同心同德, 誠意交孚, 以共成治理, 膏澤不下於民。比如陽氣亢極而不下交, 則陰氣無緣自上而交陽, 豈能興雲致雨而澤被萬物乎? 此所謂亢龍有悔, 窮之災也。

是以古之賢君, 深知此理, 常以貶抑、降屈、謙恭、自虛爲道, 其自稱曰寡人曰涼德曰予小子曰眇眇予末小子。其自處如此, 惟恐或至於驕溢自滿而有危亡之患, 所謂能知盈不可久, 而防於未亢之前, 則有悔者无悔矣。

故〈繫辭〉曰:"危者安其位者也。亡者保其存者也。亂者有其治者也。"《易》曰:"其亡其亡, 繫于苞桑。"伏願聖明常持此戒, 不至於亢滿之悔, 宗社幸甚。

---

87 亢 : 中本에는 "抗"으로 되어 있고, 부전지에 "'亢'更考。"라고 하였다.

KNW019(經筵講義-2)(癸卷7:49右)(樊卷7:49左)

西銘考證講義[88]

題註:〈訂頑〉、〈砭愚〉

　　訂, 平議也,【平, 去聲, 平其不平曰平。故凡擬議商量處置得宜, 謂之平議。】亦有證正訛舛之義。頑者, 不仁之名。不仁之人, 私欲蔽錮, 不知通物我、推惻隱, 心頑如石, 故謂之頑。

　　蓋橫渠此銘, 反覆推明吾與天地[89]萬物其理本一之[90]故, 狀出仁體, 因以破有我之私, 廓無我之公, 使其頑然如石之心, 融化洞徹, 物我無間, 一毫私意, 無所容於其間, 可以見天地爲一家, 中國爲一人, 痒痾疾痛, 眞切吾身, 而仁道得矣。故名之曰訂頑, 謂訂其頑而爲仁也。

　　人之愚病, 莫甚於長傲遂非。橫渠之銘, 極言其失於毫釐之間而痛改之, 正如針治其病而去之, 故曰砭愚。【砭, 非廉切, 一云上聲, 以石刺病也。】然二言皆頗隱奧, 將致學者辯詰紛然之弊, 故程子以爲啓爭端, 而改之爲〈東銘〉、〈西銘〉云。

"予玆藐焉"

---

88 戊辰年(宣祖1, 1568년, 68세) 11월 서울에서 쓴 것으로 추정된다. 初本에는〈西銘考證〉으로 되어 있다. 中本에는〈西銘考證講議〉으로 되어 있고, 부전지에 "議作義."라고 하였다.

89 地 : 養校에 "'地'恐'下'."라고 하였다.

90 之 : 定草本의 부전지에 "'之'下恐有脫字, 當考次."라고 하였고, 추기에 "不當疑."라고 하였다.

予字及〈銘〉中九吾字，固擬人人稱自己之辭。然凡讀是書者，於此十字，勿徒認作橫渠之自我，亦勿讓與別人之謂我，皆當自任以爲己事看，方得夫〈西銘〉本以狀仁之體而必主自己爲言者。何也？昔夫子答子貢"博施濟衆"之問而曰："仁者，己欲立而立人，己欲達而達人。"意與此同。蓋子貢不知就吾身親切處求仁，而求之太闊遠無關涉，故夫子言此，使其反之於身而認得仁體最切實處。

今橫渠亦以爲仁者雖與天地萬物爲一體，然必先要從自己爲原本爲主宰。仍須見得物我一理相關親切意味，與夫滿腔子惻隱之心，貫徹流行，無有壅閼，無不周徧處，方是仁之實體。若不知此理，而泛以天地萬物一體爲仁，則所謂仁體者，莽莽蕩蕩，與吾身心，有何干預哉？【如墨氏愛無差等、釋氏認物爲己之病，皆不知此義故也。】

且予、吾卽我也。與子貢所謂"我不欲人之加諸我也，吾亦欲無加諸人"之我字、吾字同，皆公也，而"子絶四，毋意、毋必、毋固、毋我"之我字，私也。夫子所謂"己欲立而立人"之己字，公也，而顏子"克己復禮"之己字，私也。數字之稱本合爲一字，一字之間一公一私，而天理、人欲得失之分，不啻如霄壤之判，差毫釐而謬千里，尤不可以不審也。藐，音眇，眇然小貌。

"天地之塞，吾其體；天地之帥，吾其性"
天地之氣在吾爲體，故曰"吾其體"；天地之理在吾爲性，故曰"吾其性"。○朱子謂："此篇皆古人說話集來。"故今讀此，每一段說話，須先尋所從來，見得古人元初立說本意如何，轉就這裏，認出橫渠下語用字之法如此其巧妙無窮處，方始彼此互發，得其歸趣。故下文凡引用古說處，並以本事本語明之。此一節塞字、帥字，從《孟子》來，則說見註中，茲不復贅云。

"同胞"

胞，生兒裹也。《詩》〈小弁〉註"獨不處母之胞胎乎"，故謂兄弟爲同胞。

"大君"

《易》〈師卦〉"大君有命"，大君，指天子言也。

"父母宗子"

謹按小註，朱子曰："此正以繼禰之宗爲喻爾。繼禰之宗，兄弟宗之，非父母之適長子而何？"蓋旣以天下之人爲吾兄弟，則自當以繼禰之宗爲言。若繼祖以上之宗，則皆非吾親兄弟矣。

▶도판-12 五宗圖

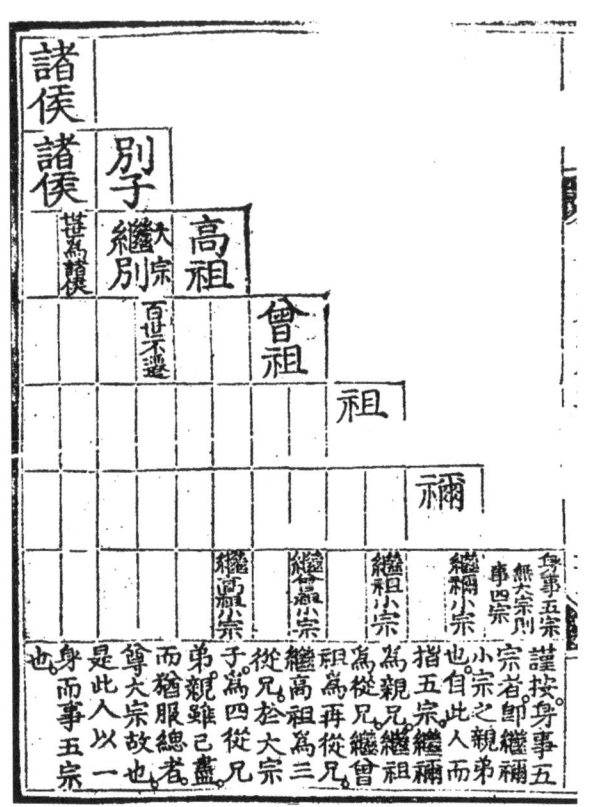

"長其長","幼其幼"

　　《孟子》曰:"人人親其親, 長其長, 而天下平。"此取"長其長"一語。又曰:"幼吾幼, 以及人之幼。"此摘"幼吾幼"三字, 而變吾作其, 其卽吾也。

"聖其合德"

　　《易》〈乾卦·文言〉"聖人與天地合其德"。

"鰥寡","無告"

《孟子》曰:"老而無妻曰鰥,老而無夫曰寡,老而無子曰獨,幼而無父曰孤。此四者,天下之窮民而無告者。"此取其語,而添減其文。

"顚連"

猶言顚沛也。

"于時保之,子之翼"

〈周頌〉宗祀文王於明堂以配上帝之詩曰:"我其夙夜,畏天之威,于時保之。"言天旣右享我矣,則我其敢不夙夜畏天之威,以保天所以降監之意乎。又〈大雅〉言武王遷鎬之事曰:"貽厥孫謀,以燕翼子。"翼,敬也,翼子,能敬之子,指成王也。【燕,安也。謀及其孫,則子可以無事矣。】此掇其二字,以爲子之能敬親者也。

"樂且不憂,純乎孝"

〈繫辭〉曰:"樂天知命,故不憂。"此孔子贊聖人之德如此。此引之,言聖人之樂天,以對上文賢者之畏天也。《左傳》以穎考叔爲純孝,此借用其語。

自"于時保之"以下至"勇於從而順令者伯奇",皆上句言事天之道,下句以事親事明之。朱子所謂每一句皆有兩義者然也。

"違曰悖德"

違, 違天也, 卽《論語》"違仁"之"違"。違仁卽違天也。《孝經》曰:"不愛其親而愛他人者, 謂之悖德。"

"害仁曰賊"

《論語》曰:"君子無求生以害仁。"《孟子》曰:"孔子成[91]《春秋》, 而亂臣賊子懼。"

"濟惡者不才"

《左傳》:"渾敦、窮奇、檮杌三族, 皆不才子, 世濟其凶, 增其惡名。"註:"世世成其凶德, 增益其身之惡名也。"

"其踐形惟肖"

《孟子》曰:"形色, 天性也, 惟聖人然後可以踐形。"註中朱子說, 卽《孟子》本註也。《書》〈說命〉篇:"說築傅巖之野, 惟肖。"言高宗夢見賢弼, 繪象以求于天下, 得說於傅野, 與所夢之賢相似也。然此特明惟肖二字所從來處耳。若肖字本義, 則《韻會》云:"骨肉相似也。"人言不似其先曰"不肖", 如《孟子》言"丹朱之不肖, 舜之子亦不肖", 是也。又《前漢》〈刑法志〉:"人肖天地之貌。"註:"頭圓象天, 足方象地。庸妄之人, 謂之不肖, 言其狀貌無所象似也。"今按橫渠於此一字, 本以肖其先之義, 轉作肖天地之義, 而其文則用傅說惟肖之語, 其巧妙無窮而有餘味乃如此。

---

91 成 : 定草本에 교정기로 "作。"이 있다. 庚本·甲本·擬本·樊本·上本에는 "作"으로 되어 있다. 擬校 및 養校에 "'作', 初本'成'。"이라고 하였다.

"知化則善述其事, 窮神則善繼其志"

《易》〈繫辭〉曰:"窮神知化, 德之盛也。"《中庸》曰:"夫孝者, 善繼人之志, 善述人之事者也。"今按《中庸》"人"之二字, 指親而言。此改作"其"字, 雖亦指親之語, 而意實指天, 其旨深且妙矣。述, 循也。如曰"父作之, 子述之"是也。又修也, 纘也。故凡終人之事、纂人之言, 皆曰述。○小註朱子說, 最宜潛玩。

"不愧屋漏爲無忝"

衛武公作〈抑〉詩, 使瞽矇朝夕諷誦以自警。其詩有曰:"相在爾室, 尚不愧于屋漏。"相, 視也。爾, 自瞽矇而指武公言也。屋漏, 室西北隅, 日光所先漏入處也。古人室之戶, 在東南隅, 爲人所出入, 則西北隅, 爲室之深隱處。言視爾在室中之時, 猶當戒懼謹畏, 使無愧於屋漏深隱處也。此事天事也。周大夫遭亂, 兄弟相戒之詩曰:"夙興夜寐, 無忝爾所生。"忝, 辱也。所生, 謂父母也。言無作不善, 以忝辱父母。此引喻云是爲天無忝之子矣。

"存心養性爲匪懈"

《孟子》曰:"存其心, 養其性, 所以事天也。"朱子註:"心者, 人之神明, 所以具衆理而應萬事者也。性則心之所具之理, 而天又理之所從出者也。存, 謂操而不舍。養, 謂順而不害。事則奉承而不違也。"程子曰:"心也性也天也, 一理也。自理而言, 謂之天; 自稟受而言, 謂之性; 自存諸人而言, 謂之心。"《詩》〈烝民〉篇曰:"夙夜匪懈, 以事一人。"

詩人本謂仲山甫能盡忠事君。《孝經》引之，以言卿大夫盡忠事君，乃所以爲孝。故橫渠以是爲孝子事親之事，因以喻不懈於事天也。

"惡旨酒，崇伯子之顧養。"

儀狄作酒，禹飲而甘之，曰："後世必有以酒亡其國者。"遂疎儀狄而絶旨酒。崇，國名。伯，爵也。禹父鯀封於崇，故《國語》謂之崇伯，其子，謂禹也。《孟子》以"博奕好飲酒，不顧父母之養"，爲五不孝之一。故橫渠引此而反其語云："禹之惡旨酒，乃遏人欲而存天理，如人子不好飲酒而能顧父母之養也。"

"育英才，穎封人之錫類。"

《孟子》曰："得天下英才而教育之，三樂也。"穎考叔，春秋鄭莊公臣也，爲封疆之官，故謂之封人。莊公以弟共叔段叛，置母于城穎，誓曰："不及黄泉，無相見。"既而悔之。考叔聞之見公，公賜之食，舍肉羹曰："請以遺母。"公曰："爾有母，我獨無。"考叔問："何謂也？"公告之故。對曰："掘地及泉，隧而相見，誰曰不然？"公從之。母子遂如初，其樂融融。君子曰："考叔純孝也，愛其母，施及莊公。《詩》曰：'孝子不匱，永錫爾類。'其是之謂乎！"【不匱，孝心不窮也。類，疇類也。】橫渠引此而言，君子推吾天性之善，以敎天下之英才，使之皆善，如考叔推己孝以及莊公，使亦爲孝子也。

"不弛勞而底豫, 舜其功。"

《孟子》曰:"舜盡事親之道, 而瞽瞍底豫。瞽瞍底豫, 而天下之爲父子者定, 此之謂大孝。"蓋舜父瞽瞍, 常欲殺舜, 使之完廩浚井, 舜不以勞苦弛其孝敬之心, 極盡誠篤, 故瞽瞍感悟, 亦至於悅豫。言君子事天如此, 則格天之功, 如舜悅親之功也。

"無所逃而待烹, 申生其恭。"

"無所逃於天地之間", 語出《莊子》。晉獻公用驪姬之譖, 欲殺其太子申生。或勸之自明, 不可; 奔他國, 亦不聽。遂自殺, 諡曰恭。今云"待烹", 猶言鼎鑊且不避也。言君子之處患難, 能守死不貳如此, 則其敬天之心[92], 如申生之恭也。

"體其受而歸全者, 參乎!"

"父母全而生之, 子全而歸之。"樂正子春所稱夫子之語, 見《禮記》。【亦見《小學》。】《孝經》子謂曾子曰:"身體髮膚, 受之父母, 不敢毀傷, 孝之始也。立身行道, 揚名於後世, 以顯父母, 孝之終也。"曾子終身服此教。故其有疾臨終, 召門弟子曰:"啓予足, 啓予手。《詩》云: '戰戰兢兢, 如臨深淵, 如履薄冰。'而今而後吾知免夫。小子!"此曾子體受歸全之事也。參乎二字, 用《論語》"參乎, 吾道一以貫之"之語。言人之於天, 能體所受而歸全者, 是卽爲天之曾參也。

---

92 心 : 上本에는 "功"으로 되어 있다.

"伯奇也"

　　事見註中。言人之於天，東西南北，惟令之從者，是卽爲天之伯奇也。

"玉汝"

　　"王欲玉汝，是用大諫。"此周厲王時大夫同列相戒之辭。汝，指同列也。玉，寶愛之意。言王欲以汝爲玉而寶愛之，故我用王之意，大諫正於汝，蓋託王意以相戒也。今引此，以言天實寶愛汝而欲成就之。汝，託天以指我也。

註："使吾之爲善也輕。"

　　輕，猶易也。《孟子》："民之從之也輕。"

"歿吾寧也。"註："吾得正而斃焉。"

　　《禮記》〈檀弓篇〉："曾子寢疾，曾元坐於足。童子執燭而隅坐，曰：'華而睆，大夫之簀與！'曾子瞿然曰：'然。斯季孫之賜也，我未之能易也。元起易簀。'曾元曰：'夫子之病革矣，不可以變。幸而至於朝，請敬易之。'曾子曰：'爾之愛我也不如彼。君子之愛人也以德，小人之愛人也以姑息。吾何求哉？吾得正而斃焉，斯已矣。'舉扶而易之，反席未安而歿。"朱子曰："古人謹於禮法，不以死生之變易其所守如此，便使人有行一不義，殺一不辜而得天下不爲之心，此是緊要處。"

後論："推親親之厚，以大無我之公。"

以上一截，言自"乾稱父"以下至"顛連而無告者"是也。

"因事親之誠，以明事天之道。"

以下一截，言自"于時保之"以下至"歿吾寧也"是也。○《禮記·哀公問》篇："孔子對公曰：'仁人之事親也如事天，事天如事親。'"〈西銘〉下一截之旨，其本於此與。

"稱物平施"

《易》〈謙卦·大象〉曰："君子以，裒多益寡，稱物平施。"楊龜山上伊川第一書，疑〈西銘〉言體而不及用，恐流弊遂至於兼愛。伊川答書，深言其理一分殊，仁義兼盡，非墨氏之比，以曉之。龜山稍悟前非，於第二書，引此語，以明《西銘》推理存義之意，意雖不失，語有未瑩。故朱子特舉其說而解說之如此，以發明龜山未盡之意，則伊川指示龜山之微旨，始無餘蘊矣。

"熹旣爲此解"下

程子〈答龜山書〉及朱子《延平問答》諸說，發明〈西銘〉之旨、仁義之理，至爲精密，文多恐煩，未敢悉以進講。幸於清燕之暇，睿鑑垂照，沈潛玩索，當有弘益。

〈總論〉：臨川 吳氏說

此說結語，有反覆相因、由淺至深之義，蓋其末"然"字以下爲結語。就"知化"至"匪懈"兩章，以知化、窮神、不愧屋漏、存心養性四者，爲上一對；以善述事、善繼志、無忝、匪懈四者,爲下一對。自"知化者"止"能不愧屋漏",言上四者反覆相因;自"善述事者"止"能無忝",言下四者反覆相因也。自"存心養性然後"止"有以知化",言上四者由淺至深;自"匪懈然後"止"善述事也",言下四者由淺至深也。須看得子細,方知其味。

KNW020(啓議-1)(癸卷7:62左)(樊卷7:63右)

擬上文昭殿議【幷圖。】[93]

▶도판-13 後寢五間前殿三間圖[94]

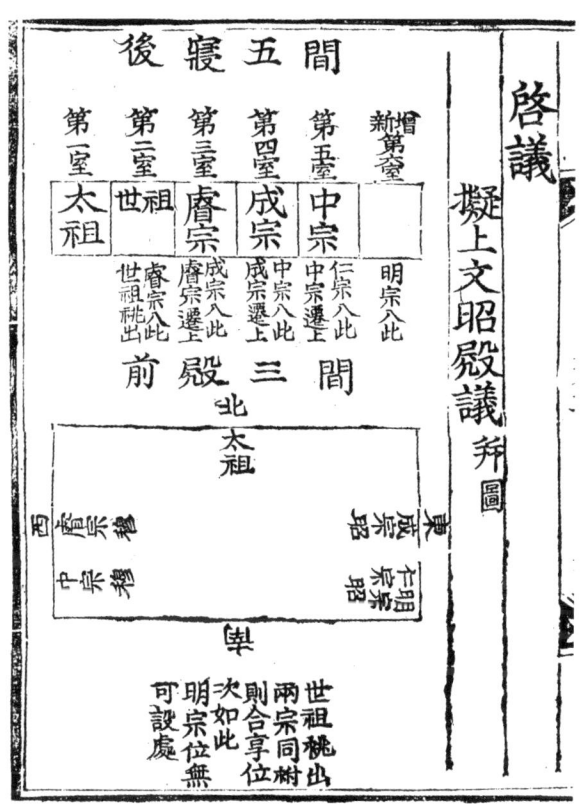

---

93 己巳年(宣祖2, 1569년, 69세) 2월 6일경 서울에서 쓴 것으로 추정된다. 中本·定草本·庚本에는 〈文昭殿議【幷圖】〉로 되어 있고, 擬本에는 〈上文昭殿議【幷圖】〉로 되어 있다. 擬校에 "'上'字上有'擬'字."라고 하였고, 養校에 "'擬'字當考."라고 하였다. 〔編輯考〕李滉이 쓴 啓議는 2편이 실렸다. 庚本에 모두 수록되었다.

94 後寢五間前殿三間圖 : 中本의 부전지에 "或有可疑處, 而未能詳知曲折, 故不敢付標."라고 하였다.

▶도판-14 朱子周大祫圖周時祫圖[95]

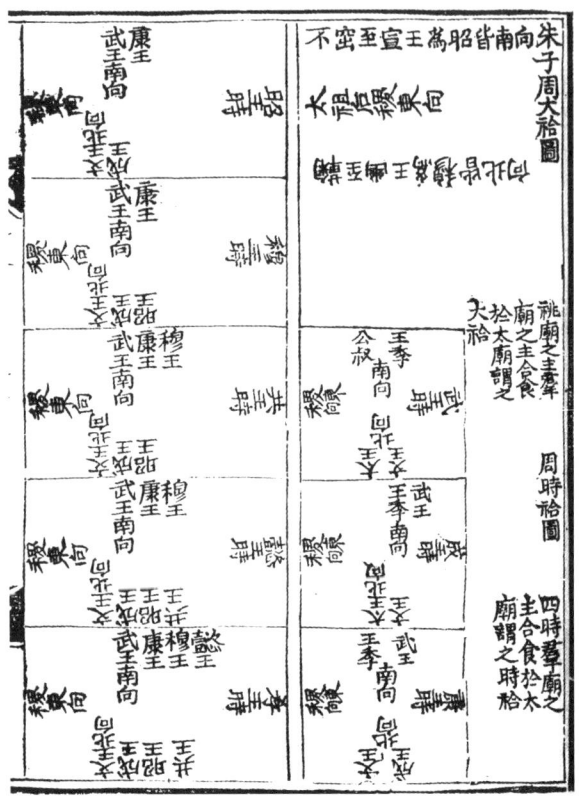

---

95 朱……圖 : 中本에는 "成王時" 그림에서 "南向"이 "武王"과 "王季" 사이에 있다. 擬本에는 "成王時" 그림이 "武王時" 및 "康王時" 그림과 같은 구조로 배열되어 있다. 中本의 부전지에 "太王位次改排."라고 하였다. 擬校에 "'成王時'圖'王季'退一位."라고 하였다. 〔今按〕 擬本의 그림이 제대로 수정된 것인 것으로 보인다.

▶도판-15 朱子擬定宋祫享位次圖

朱子擬定宋祫享位次圖

高宗
徽宗
神宗
仁宗
宣祖
順祖

僖祖

翼祖 宣祖 太祖 太宗 眞宗 英宗 哲宗

東

朱子曰禧居本廟則武王進居王季之位而不嫌尊於文王及其合食于祖則王季雖遷而武王自當與成王爲偶未可遽進居王季之處也文王之爲穆亦虛其所向之位而已則雖北向而何害其爲尊哉

此圖兄弟各爲一世與今所謂同昭穆共一位者不同今所以引此者欲以明祫享位次皆以太祖東向南北分昭穆耳

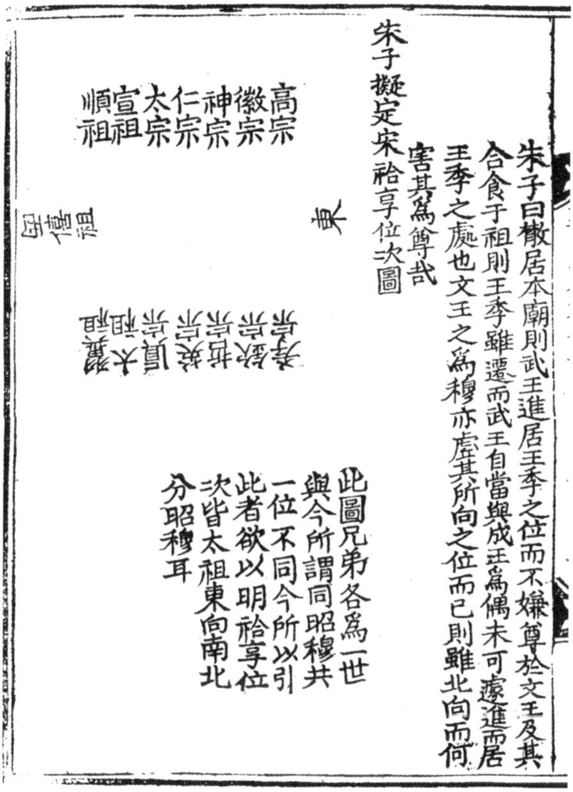

▶도판-16 今擬定文昭殿圖[96]

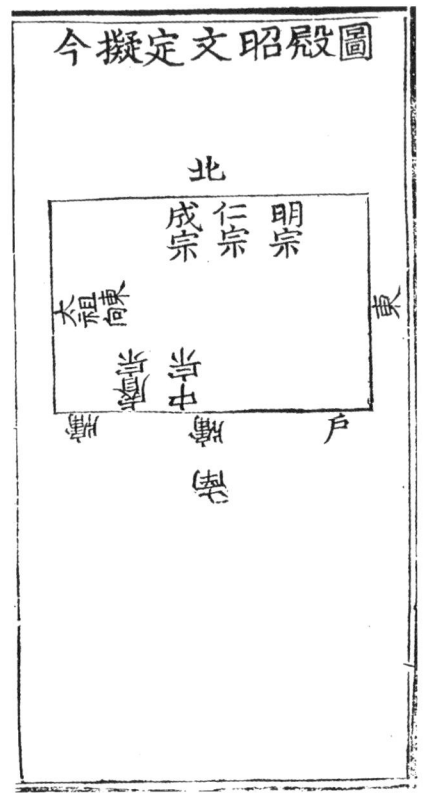

前月二十日, 廷臣議啓, 文昭殿當明宗祔入時, 仁宗自延恩殿亦當一時移祔, 則比前加一位, 恐其室數當增, 殿制當廣。請先奉審寢殿形制, 然後商議稟定事, 奉聖旨, 恭依大臣、禮官, 必皆參酌得宜以啓矣。微臣一得之愚, 亦願妄效區區。

96 今擬定文昭殿圖 : 中本의 부전지에 "牖下倣此。"라고 하였다.

竊以文昭殿卽漢之原廟。世宗大王所以設立之意，今且未論。論其爲制，則後寢五間，以奉高、曾、祖、考四親與太祖五位之神，前殿三間，每四時大祭之類，奉出五神主，合享于此。太祖居北南向，昭二位在東西向，穆二位在西東向，此當初所定之制也。而其間有兄弟繼立，則同昭穆共一位之法，見於《五禮儀》〈宗廟圖說〉，然不可以同一室竝一坐，故當依賀循七室加一之議與《宋史》同位異坐之文。如仁宗與明宗，同昭穆也。仁宗祔時，世祖於明宗，亦爲高祖不祧，故室與位數，自至於加一爲六矣。如是則當於本寢、本殿內，議處變禮之宜可爾。安得曲生異議，別入他廟乎？

謹按成宗臨祔，朝議以爲宗廟七間，不足於室數，欲增一室，而竟不果，遽遷文宗於西夾室，而祔成宗於第七室。此乃當時議臣與禮官之罪，羣情所痛。及中宗祔廟，禮官尹漑等，知此爲失禮，請增立四室，奉還文宗，而中宗入第九室。蓋旣不能建正世數，其處禮之變，固當如是也。奈何徒知處變於宗廟，而不知處變於原廟，遂以仁宗神主，不入原廟，而別處於異殿，人神鬱抑，二十有餘歲？而況彼時明宗聖旨有曰："仁宗後日，自當祔入。"見於《承政院日記》。可見明宗遺意本如此，尤不可不成其美也。

幸今聖上繼述，已兪同祔之請，可以正禮典之失，而慰神人之望矣。然其同祔之際，節目之詳，必須熟講而審處之。

且以後寢室數言之。世祖於今親盡，當祧而虛其室，睿宗進居于此。其下以次而陞，仁宗來祔第五室，又有明宗一位，如前成六，而無室可入。故今擬就其東偏，依宗廟增室故事，新立一間，以奉安明宗神位，正合古人不以室數限主數之義。此卽〈後寢六間圖〉所明之說也。

至於前殿三間, 專爲合享諸位而設。其制南北短而隘, 東西長而闊。從前設位, 自北而南, 恰設五位外, 更無餘地, 今加一位, 實爲難處。黨若以此爲患, 欲更制大作, 以展其地, 則坼改殿屋, 事甚非輕, 鉅材難得, 功役不易, 祔廟前恐未及成也。

臣伏聞古之祫享, 皆太祖東向, 以南北分左右昭穆之列, 自西而東, 此萬世所當法也。今茲南向之位隘礙, 難行如此, 不如因時處宜, 以古祫之制, 通今祫之礙, 擧而行之, 無一不可。臣旣爲殿圖於前, 以見南向難行之故, 繼以朱子〈周祫九圖〉、〈宋祫一圖〉, 以明祫必東向之意, 終復爲殿圖, 以表東向得禮之懿。

伏願殿下按圖據禮, 揆以義理, 只就殿內, 轉北從西, 太祖西壁東向, 睿宗、中宗, 在南北向, 成宗、仁宗、明宗, 在北南向。世祖今雖祧出, 仍虛其位, 而成宗依舊與中宗相對, 不敢進居世祖之虛位。蓋以睿宗在北向之位, 成宗不敢南向而對坐, 此朱子祫圖武王不敢對文王之說也。【若高祖在昭位, 則當進居虛位, 而與穆相對矣。】如是則可免坼改殿屋之撓, 而又無地隘難行之患, 其於奉先思孝之道, 允爲便當。

或疑南向設位, 累朝遵行已久, 今而改之爲難。臣竊以爲不然。原廟今因同昭穆之兩宗, 自成六位, 而一位無可設之處。假使當時有此事, 以世宗之聖智仁孝, 必已變通而行之, 不應[97]膠執於一說, 以至今日也。以此言之, 今日在天之靈, 陟降

---

[97] 應: 中本에는 "能"으로 되어 있고, 추기에 "'能'當作'應'。"이라고 하였다. 定草本에는 "能"으로 되어 있고, 교정기로 "應"이 있다.

昭鑑，其於改定之擧，必許其得禮之正，而益篤於降祐矣。尙復何疑於其間乎？

右東向、南向二禮，各據一事而言如此矣。但先王之禮，室、堂二事，實一時兼行，而堂事不如室事之尤重。今欲處此事，須具知古禮本意之所在，乃可。故又別爲一圖以明之。

▶도판-17 古宗廟後寢各爲一廟圖

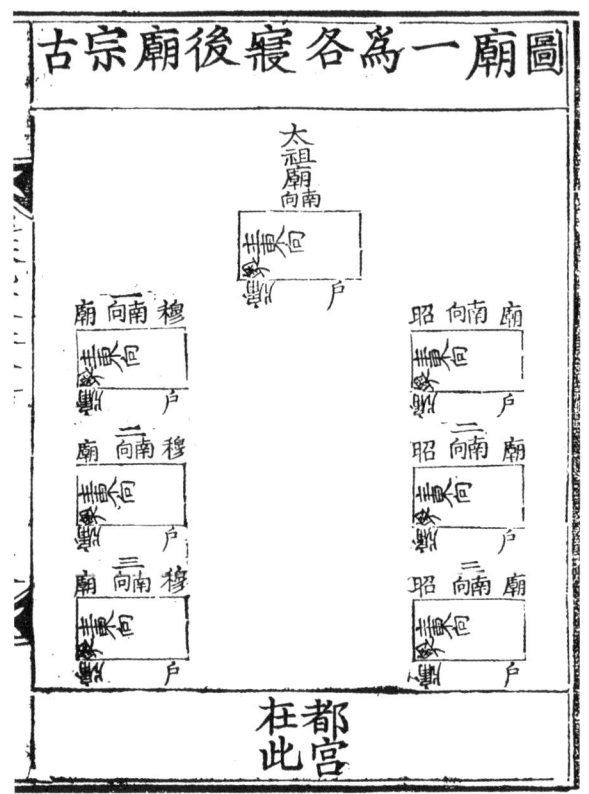

朱子所謂"散處各廟, 則武王進居王季之位, 而不嫌尊於文王"者, 指此而言也。

▶도판-18 天子七廟時祫室堂異位圖

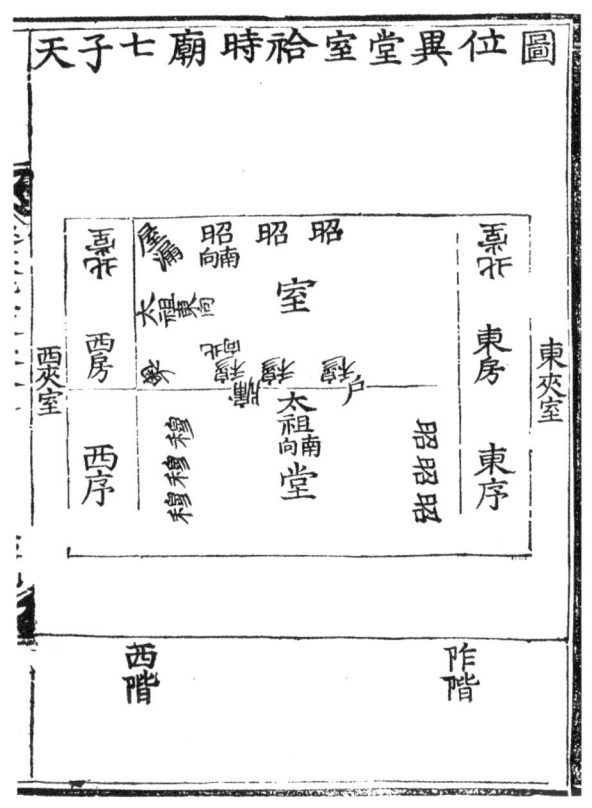

右天子廟四時祫享之禮。蓋一享九獻,始於室,中於堂,而終於室也。迎尸入室,王酌鬱鬯獻尸,尸以灌地啐奠,一獻也。王出迎牲,后酌鬯亞獻,二獻也。尸主出在堂南面,行朝踐之事薦腥,王酌獻醴齊,三獻也。后獻醴齊,四獻也。更設尸主席於室東面,遷堂上之饌,置其前炳蕭,乃迎尸主入室,行饋食之禮,王與后各獻盎齊,五獻也,六獻也。尸食訖,王酌醴齊酳尸,七獻也。后獻[98]盎齊,八獻也。諸臣一獻, 九獻也。

臣按先王廟制, 後室前堂。祼禮與饋食, 行於室中東向之位, 其獻七也。朝踐行於堂中南向之位, 其獻二也。蓋祼禮卽降神也, 饋食如上食也, 朝踐如朝奠也。祼與饋食重也而行於室, 朝踐輕也而行於堂。可見室中東向爲本, 堂中南向爲末。

宋元豐三年, 詳定禮文所言: "古者宗廟九獻, 王及后各四, 諸臣一。自漢以來爲三獻, 后無入廟之時, 相循至今。若時享則有事於室, 而無事於堂。禘與大祫, 則有事於堂, 而無事於室, 有饋食而無朝踐。度今之宜, 以備古九獻之意。請室中設神位于奧東面, 堂上設神位于戶外之西【卽堂中也。】南面。皇帝立于戶內, 西向祼鬯, 是爲一獻。出戶立于扆前, 北向行朝踐薦腥之禮, 是爲再獻。皇帝立于戶內, 西向行饋食薦熟之禮, 是爲三獻。" 詔竝候廟制, 成取旨。

臣按宋朝臣僚所說如右。三代以後, 已闕室、堂兼擧之禮, 又無朝踐一事, 則雖或有事於堂, 亦非復先王堂中南向之禮矣。況九獻之中, 七獻行於室, 而備禮樂、交獻酢, 一享終始, 皆在於此, 朝踐二獻, 乃其間一節耳。所重終不在此。故朱子作〈周宋祫十圖〉, 皆室中東向之位, 其南向一

---

98 獻 : 上本에는 "酌"으로 되어 있다.

事, 未嘗及之者, 擧其本也。當初世宗大王聖智神算, 非不鑑此, 所以設爲此位, 固難仰測。

然竊伏妄意, 得無以謂或値父在穆位, 則子在昭位, 難於南向對坐乎？ 此一事, 先正已嘗論辨, 而朱子圖說, 明示後世, 故臣今作圖, 亦倣而爲之。伏乞竝留睿察, 勿拘偶定設位之難改, 竟失因事復古之典禮。不勝幸甚。

KNW021(啓議-2)(癸卷7:71左)(樊卷7:72右)
擬上追崇德興君議[99]

前年十二月日, 傳敎以領議政臣李浚慶所啓德興君追崇事, 考諸禮文, 廣議以啓者。臣滉竊謂入承大統, 義之至重, 在所必伸；崇奉私親, 恩有所厭, 當從而屈。

蓋天無二日, 物無二本, 家無二尊, 國不二統。是以, 先王制爲禮法, 使爲人後者爲之子, 服所後父母斬齊[100]三年, 而於本生, 則反以不杖期當之, 此非偏厚於義而故薄於恩也。身旣出而後於人, 受重之義, 極隆於所後, 則所生之恩, 雖曰本重, 至此不得不爲之降殺。若不知降殺, 而與之竝隆, 是二本也, 二尊也。違天則而亂人紀, 失尊祖敬宗之道。故聖人處此, 必審權而裁恩, 展義而全倫也如此。而況帝王繼序, 受宗廟社稷

---

99 己巳年(宣祖2, 1569년, 69세) 1월 20일경 서울에서 쓴 것으로 추정된다.〔資料考〕中本에 실린 자료는 훼손된 부분이 많다.
100 齊 : 樊本에는 "衰"으로 되어 있다.

之重，爲億兆臣民之統，其義之厭恩，又有大於恒人之爲後者，安可以私恩之故 而有所干紊於其間哉？

　　自漢以來，以旁支繼統若孝宣、光武、晉元之類，雖或粗知此義，而曠失尙多，不足爲法。其他若哀帝、安帝、桓帝、靈帝，率皆昏悖妄作，付先統於慢棄，納本生於陵僭，大倫大法，壞亂久矣。至宋英宗，以皇兄濮安懿王之子，入後仁宗。當其議崇奉濮王典禮也，執政有欲稱皇考者，又有欲稱親者。其時正人君子如司馬光、范鎭、呂誨、范純仁、呂大防、呂公著等，皆據經守正，痛闢邪說。其大意謂："仁宗皇帝於宗室衆多之中，簡推聖明，授以大業，濮安懿王於陛下，雖有天性之親、顧復之恩，然陛下所以繼體承祧，光有天下，子子孫孫，萬世相傳，皆先帝德也。臣等竊以爲濮王宜準先朝封贈期親尊屬故事，尊以高官大國，稱皇伯而不名，三夫人竝封太夫人，於禮爲順。至如漢世之稱皇考、稱帝、稱皇，立寢廟、序昭穆，皆見非當時，取譏後世，非聖明之所宜法。"

　　一時眞儒程頤之論曰："仁宗皇帝以陛下爲嗣，承祖宗大統，則仁廟陛下之皇考，陛下仁廟之適子。濮王陛下所生之父，於屬爲伯，陛下濮王出繼之子，於屬爲姪。此天地大義，生人大倫，如乾坤定位，不可得而變易者也。然所生之義，至尊至大，雖當專意於正統，豈得盡絶於私恩哉？至誠一心，盡父子之道，大義也。不忘本生，盡其恩義，至情也。先王制禮，旣明大義，以正統緒，復存至情，以盡人心云云。"因極論稱親之非與封爵之不可加曰："當以濮王之子，襲爵奉祀，尊稱濮王爲濮國大王。如此則崱然殊號，絶異等倫，天理、人心，誠爲允合，可以爲萬世法。

於是英宗乃能畏義從善，惟禮是服，雖有皇太后手詔許令稱親，亦不敢當，只令以塋爲園，卽園立廟，俾王子孫主祀事。事猶未訖，至神宗朝，畢擧而行，加封王子濮國公爲王，使世祠無替，上之旣足以專尊大統，下之又可以不廢私恩。朱熹所歎以爲"天理自然，不由人安排"者謂此也。

　　其後孝宗，以疎屬秀王之子，入繼高宗，又謹遵斯烈，罔有變墜。三代以下，家法之正，莫如宋氏，而此一鉅典，尤爲不易之則，可謂"建諸天地而不悖，質諸鬼神而無疑，百世以俟聖人而不惑"者，誠後王之所當法也。

　　恭惟主上殿下以王室至親，承先王簡命，入膺寶圖。殿下之於明宗，亦猶英宗之於仁宗、孝宗之於高宗也。於德興，則猶濮王也，猶秀王也。

　　凡所以紹事尊統，降報本生，自有宋朝不易之典，今當一一按據遵用。大綱旣得其正，則其間小小曲折，有古今國俗之異宜者，亦當斟酌損益，要在適於義盡情理而已。今將應行事件，具列于後，其目有六。

　　一。屬稱，宜曰太伯父。謹按英宗、孝宗，皆稱本生爲皇伯父。然皇字加於祖考，則《禮記》通上下而言，故歷代上下通用之，如今宗廟所稱是也。若加於旁親，則《禮》所不言。而如皇兄、皇叔之類，皆爲皇帝之皇字，我國用之，似爲未安。緣此而只稱伯父，則又類於泛稱諸父，尤未安。故今欲請代以太字，

　　一。追號，宜爲德興大君，夫人爲大府夫人。謹按英宗、孝宗，皆尊本生爲某國大王、某國夫人，今當遵依，而去國

字王字。臣妄意又有一說, 不敢不白。按濮國大王所以爲殊號, 專在大之一[101]字。今則只稱大君, 與常稱大君相混, 未見其爲殊異之號。臣謂宜倣唐時爲世民特置天策府上將軍之例, 稱爲德興府上大君, 則與程頤所謂"夐然殊號, 絶異等倫"者合, 尤爲得體。

一。立後, 宜以嫡長子世襲。謹按宋朝於濮王、秀王子孫中, 擇其高年[102]行尊者, 封爲嗣濮、嗣秀王, 死則又擇而遞封之。今遞封之制, 勢有不便, 唯當以嫡長子世襲君封, 至五世親盡之後, 亦當量宜授職, 永奉祠事。

一。作廟, 宜在本第。謹按濮、秀二王, 皆就寢園立[103]廟。所以然者, 廟在京師, 恐於太廟有所嫌也。今若爲此, 就墓所立廟, 則多有不便, 惟當於本第立家廟, 其規模事體, 本皆懸絶於太廟, 有何所嫌乎? 至於墓所, 則量置守直人若干名守護, 俗節隨宜供祭。

一。廟主, 宜爲始祖, 百世不遷。濮、秀二王, 不問嗣王親盡與否, 世世奉祠。今當遵此, 實古者大宗始祖百世不遷之意[104]也。

一。祭用田祿, 勿以官供。濮、秀二王之祭, 史不言某所供具。然觀其廟在寢園, 只祭其主, 而主祭子孫往來行事, 此必有司供具明矣。然古者旣有降其私親不得祭之文。又

---

101 之一 : 柳校 및 李校에 "'之一'二字, 一本無。"라고 하였다.
102 高年 : 養校에 "'高年'恐▨。"라고 하였다.
103 立 : 樊本의 두주에 "'立', 一本作。"이라고 하였다.
104 意 : 樊本·上本의 두주에 "'意', 一本法。"이라고 하였다.

今廟在本第,子孫世祀,數世之後,子孫神主,亦不得不以昭穆參入矣。然則一廟之內,一祭之設,豈可祖以官供而孫以私具乎?故當爲置土田、臧獲,以之供粢盛備役使,世謹其傳,不得輒有分割,四仲時祭,有司供牲豕一頭,餘悉家具。上以應不祭私親之義,下以避在京竝廟之嫌,可以永傳無弊,允爲便當。然其設置事意,一出於朝家,則於主上不忘本生之至情,亦可以無所憾矣。

臣伏見程頤疏末有曰:"奸邪之人,希恩固寵,自爲身謀,害義傷孝,以陷陛下。今旣公論如此,不無徊徨,百計搜求,務爲巧飾,欺罔聖聽,支吾言者,正言未省,而巧辯已至,使陛下之心,無由而悟。伏乞裁自宸衷,無使奸人與議。其措心用意,排拒人言,隱迹藏形,陰贊陛下者,乃奸人也。幸陛下察而辨之,勿用其說。"

　當是時也,賴英宗仁孝明哲之至,其聞忠言正論,渙然不疑,斷而從之,奸人無所投其隙,使大倫大典皎然如日月行天,爲後世帝王法程至明,宜罔有他道矣。奈之何嘉靖皇帝入繼之初,以楊廷和等議,尊孝宗爲皇考,其於武宗傳統一義,專似闊略,已爲不厭人心?不意後來奸臣席書、張璁等,倡邪說以惑聖聽,竟致反覆,至以孝宗爲皇伯考,其本生興獻爲皇考。凡厥所爲,莫非違離祖統,乖繆本義,得罪於萬世之倫典。竊觀書、璁等措心用意,一出於程頤之所論,其邪心惡口,亂道小談,皆不足以爲今日瀆論也。獨惜乎!嘉靖皇帝滅大義、崇私恩,陷於奸邪之徒爲所賣弄,以致孝宗、武宗與興獻父子君臣之間,顚倒陵僭, 無一得當, 而自陷於不孝不義之地。然則姦徒之罪, 可勝誅哉? 前世之失, 可不戒哉?

退溪先生文集

卷八

KNW022(辭狀啓辭-1)(癸卷8:1右)(樊卷8:1右)

辭豊基郡守上監司狀一【己酉九月】[1]

矣[2]段虛勞羸瘁心氣之疾, 以去八月分, 痰嗽、寒熱證得發, 受由調理, 稍似向差乙仍于。間間力疾行公爲白如乎次節, 前證加發, 暴嗽、痰逆、腰脇牽[3]痛、噫氣呑酸、背寒、心熱, 互相發作, 有時眩暈欲仆, 事多謬錯, 昨事今忘, 朝事夕忘。頻夜夢魘, 氣血枯瘁, 精神萎薾, 虛汗自流, 嗜臥沈困。

右良病根深重, 指期差復爲難叱分不喩, 在前始叱, 秋冬日寒時良中, 此證連綿三四朔, 至門外不出爲白良沙, 僅得連命爲白如乎事去等。最可官務緊急時, 曠廢職事絃如, 一日在官不得, 至爲恐悶爲白昆, 矣職乙良, 本差次, 以本曹良中, 移文爲白只爲行下云云。

1　己酉年(明宗4, 1549년, 49세) 9월 6일 豊基에서 쓴 것으로 추정된다. 初本에는 〈辭豊基郡守上監司狀〉으로 되어 있다. 中本에는 〈辭豊基郡守狀一【己酉】〉로 되어 있고, 부전지에 "'上方伯【監司】'三字, 下同。", "【上監司狀一【己酉】】", "【九月】"이라고 하였다. 〔編輯考〕李滉이 쓴 辭狀啓辭는 53편이다. 그중 52편은 庚本에 수록되었고, 1편은 樊本 遺集外篇에 추가로 실렸다.

2　矣 : 初本·中本에는 앞에 "云云"이 있고, 中本에는 "云云"에 산거 부전지가 있다.

3　牽 : 初本·中本에는 "堅"으로 되어 있다.

KNW023(辭狀啓辭-2)(癸卷8:1左)(樊卷8:1左)

辭豐基郡守上監司狀三【十二月○第二狀闕。】[4]

矣[5]段在前始叱元氣虛弱、勞傷羸瘁之疾、以寒暑風濕、互發他證、輾轉深痼、月益歲增、屢至危殆、艱難調保支持爲白如乎節。隆寒良中、力疾奔務、前證加發、心熱往來、眢悶昏憒。或發飜胃、或發背寒、瘦骨連皮、面色萎黃、精枯血損、氣息惙惙、衆脈洪數、眼隔紗霧、脚膝麻痺、頓無筋力、行步酸辛、臨事茫昧、前忘後失、沈困虛劣、夜多夢魘。

右良近死重證、以又於本月二十一日、地震解怪祭獻官以使內如可、寒證得發、加于差息無期爲白去等。在官調理不得叱分不喩、曠官廢事紘如、惶悶無地爲白昆、矣本職乙良、本差次、以吏曹良中、移文爲白只爲云云。

---

4 己酉年(明宗4, 1549년, 49세) 12월 22일 이후 豐基에서 쓴 것으로 추정된다. 初本에는 〈豐基郡守辭狀三【己酉十二月】〉로 되어 있다. 中本에는 〈辭豐基郡守狀二〉으로 되어 있고, 부전지에 "二狀逸, 此乃是三。", "上監司狀三"이라고 하였고, 추기에 "【十二月】"이라고 하였다. 上本에는 〈辭豐基郡守上監司狀三【十二月, 第二狀闕。】〉로 되어 있다. 〔年代考〕退溪는 이 辭狀을 제출할 때까지는 豐基郡守로 재직하고 있었지만, 그것을 제출한 뒤 慶尙道觀察使의 회답도 기다리지 않고 곧바로 고향 禮安으로 돌아왔다.

5 矣: 初本·中本에는 앞에 "云云"이 있고, 中本에는 "云云"에 산거 부전지가 있다.

KNW024(辭狀啓辭-3)(癸卷8:2右)(樊卷8:2右)

擅棄豐基郡守推考緘答狀【庚戌正月】[6]

矣[7]身無緣擅棄任所爲白乎所不喩。本來元氣虛弱、勞傷羸悴之疾、以寒暑風濕、輒生他病、屢至危殆、艱難調保支持爲白如乎次。前年八月分、寒熱證得發、受由調理、僅得連命爲白置。又於九月分、心熱、背寒、暴嗽、痰逆證發作、多日出仕不得、呈辭狀爲白乎亦中、給由叱分是遣、辭狀受理不冬乙仍于。隆寒良中、調理不得、間間力疾行公、以致前證日漸加重、心氣虛損、時時眩暈欲仆、精血焦枯、瘦骨連皮、面色萎黃、頭旋眼暗、衆脈絃數、脚膝無力、行步蹇澁、遇事錯繆、前忘後失、沈困虛劣、夜多夢魘。一日行公、或數日臥痛、至極悶望次。又於十二月二十一日、地震解怪祭獻官以使內如可、傷寒證加發、加于差息無期、在官調理爲難叱分不喩、曠廢職事、貽弊不貲絃如。再次呈辭後、病勢益急、仍留待候不得、不得已三次呈辭狀、卽時本家來到爲白乎事是良爾、相考施行敎矣。

　　矣身病在心腑、輾轉深痼、自壬寅、癸卯年始叱、凡矣職事乙、竝只堪當不得。或辭遞、或罷職、一歲間、或至四五次爲白去等。矣身宿疾疲癃、不能供職之實、衆所共知、無緣謀避爲白乎所、情理萬無爲白[8]昆、竝以相考分揀施行云云。

6　庚戌年(明宗5, 1550년, 50세) 1월 禮安에서 쓴 것이다. 初本에는〈豐基郡守擅棄推考緘答狀【庚戌正月】〉로 되어 있고, 부전지에 "庚戌正月"이라고 하였다. 中本에는〈擅棄豐基郡守推考緘答狀【庚戌】〉로 되어 있고, 부전지에 "【正月】"이 있다.

7　矣 : 初本·中本에는 앞에 "云云"이 있고, 中本에는 "云云"에 산거 부전지가 있다.

KNW025(辭狀啓辭-4)(癸卷8:3左)(樊卷8:3左)

辭免司憲府執義啓【壬子五月二十六日】[9]

小臣性本疎愚, 不曉事情, 於當世之務, 全未諳歷, 雖百執事之任, 尙不能堪。況風憲之貳, 所係至重, 如臣無狀, 決不可冒處。

　且小臣素有虛勞心氣之疾, 自癸卯、甲辰年以後, 病勢益深, 不能從仕, 或間官除授, 或罷職在外。去戊申年分, 臣以豐基郡守, 病重歸家, 受擅離之罪。

　三年在閒調理, 略無蘇復, 日以深劇, 分死溝壑之際。頃者蒙恩除侍從之職, 至下召命, 惶恐罔措, 艱難强扶而來, 僅存形骸, 見者皆驚。經幄近密之地, 冒處未安, 卽欲辭退, 但以初到難便, 黽勉度日。不意今者授此重職, 以本府務煩之地, 如臣沈痼重病, 斷不能一日行公, 尤爲惶恐, 請速命遞臣職云云。

---

8 白:中本에는 없으며, 부전지에 "'爲'字下脫白字。"라고 하였고, 추기에 "{草}本亦脫白字。"라고 하였다.

9 壬子年(明宗7, 1552년, 52세) 5월 26일 서울에서 쓴 것이다. 中本에는 〈辭免司憲府執義啓狀【壬子五月二十六日】〉로 되어 있다.

KNW026(辭狀啓辭-5)(癸卷8:4右)(樊卷8:4右)

辭免僉知中樞府事狀【乙卯四月】[10]

去三月二十二日, 右承旨書狀內"聞爾病還鄕家, 令觀察使題給食物, 且在京則廣問醫藥, 可易治療, 今授僉知中樞府事, 斯速調理上來"事有旨。

臣承命殞越, 無地容措, 謹當卽日就途, 以謝恩命之辱。臣虛劣無狀, 自少多病, 綿歷歲月, 遂成沈痼難治之疾。雖濫蒙累朝之恩, 每置淸顯之地, 無補絲毫, 常懷愧負惶悶之情。前屢陳危懇, 得退田里者至于再三, 旋被召還, 末由辭避。

自壬子年還朝後, 爵秩愈陞, 而身病益深, 尸曠之責, 比前加重。至於今年春, 不得已乞解僉知中樞, 因而退來, 以遂首丘之願, 天恩罔極, 私竊感祝。不意存恤之命, 又出於旣去之後, 旣賜以食物, 撫其貧饉, 復授之祿秩, 以便醫藥。如臣一蠹, 何敢冒昧受此異渥?

況臣今次來時, 强扶羸骨, 逾深越險, 因致濕證峻發, 臍腹脹滿, 脚膝痿痺, 運步澁痛, 病根尤重, 雖欲調理上去, 指期差復爲難。除本道送到食物, 謹已拜賜, 別有箋陳謝外, 所有新授僉知中樞之命, 欲乞卽賜鐫罷, 庶使微臣得免狼狽以畢餘

---

[10] 乙卯年(明宗10, 1555년, 55세) 4월 25일 禮安에서 쓴 것으로 추정된다. 初本에는 〈辭免僉知中樞府事書狀【乙卯五月】〉로 되어 있고, "免"에 산거 부전지가 있다. 中本에는 〈辭免僉知中樞府事啓狀一【乙卯】〉로 되어 있고 부전지에 "書狀【乙卯四月】"이라고 하였고, "書"에 산거 표시가 있다. 養校에는 "手本, 事下有書, 下仝。"라고 하였다. 〔今按〕初本에 작성 월을 '五月'로 표기한 것은 오류인 것으로 보인다. 中本에는 '四月'로 되어 있으며, '五' 자를 '四' 자로 고친 흔적이 있다.

生云云。

KNW027(辭狀啓辭-6)(癸卷8:5右)(樊卷8:5右)

辭免僉知中樞府事狀二【丙辰四月○此狀雖已草成, 恐煩瀆未上。適有副提學召命, 遂不果上。】[11]

臣於前年六月分, 祇受承政院書狀內, 以"臣疾病歸鄉, 曲賜諭敎, 臣前授[12]僉知中樞之職, 不許辭免, 令且安心調理, 不計久近上來"事有旨, 臣不勝震惕惶恐之至。

臣欲待差拜命, 則身病日增; 欲控乞終辭, 則煩瀆尤難。以是二者, 惶惑遷延, 至于歲周。

然而臣竊惟與其被命而無緣不報, 盍亦冒昧而披訴危懇? 玆用不避僭越, 敢復陳乞。

臣稟性疎鹵, 少嬰疾病, 歲月愈久, 羸憊益甚, 僅存如絲之軀命, 無復可强於筋力, 志慮凋喪, 精神昏錯, 區區犬馬之誠, 末由自效。而累朝誤恩, 每處要顯之地, 益懼尸曠之誅。

自癸卯以後, 所以每每辭職, 祇欲未死之前, 少免罪責而已。況今身在隴畝而名綴朝班, 其於臣子之分, 何可一日而安處?

---

11 丙辰年(明宗11, 1556년, 56세) 4월 禮安에서 쓴 것이다. 初本에는〈復辭僉知中樞府事書狀二【丙辰四月○此狀雖已草成, 恐煩瀆未上, 適有副提學召命, 遂不果上。】〉으로 되어 있다. 中本에는〈辭免僉知中樞府事啓狀二【丙辰四月○此狀雖已草成, 恐煩瀆未上, 適有副提學召命, 遂不果上。】〉으로 되어 있다. 養校에 "手本, '辭免'作'復辭'。"라고 하였다.

12 授 : 上本에는 "受"로 되어 있다.

且臣自前病重, 不能從仕, 衆所顯知。今又腹中積塊脹滿, 往往腰大如鼓, 眩眚綿惙, 危淺之命, 莫保朝夕。

　　臣雖欲强自扶舁以進闕下, 安保不死於道路? 雖或不死而進, 不能供一日職事, 旋復蹭蹬而歸。糞土賤命, 不暇顧恤, 以忝恩之餘而顚沛至此, 豈不爲朝廷之羞, 貽四方之笑?

　　方今邊圍孔棘, 智力奔走, 酬功報勞, 正待爵祿之重, 乃以虛名授之朽棄無用如臣者。是以臣之故, 有功者有缺於祿食。極知臣罪無路自免, 尤深惶恐之至。臣前除僉知中樞, 伏望令該曹鐫罷, 以肅朝政, 以安臣子區區之義云云。

KNW028(辭狀啓辭-7)(癸卷8:6左)(樊卷8:6左)
辭免弘文館副提學召命狀【五月】[13]

臣於前年六月分, 伏睹承政院書狀內, 臣前日病辭僉知中樞之職, 不許辭免, 仍賜溫諭, 令臣安心調理, 不計久近上來事有旨。

　　顧以臣深痼積病, 前年爲始, 脹痞加發, 證勢尤重, 旣不得

---

13 丙辰年(明宗11, 1556년, 56세) 5월 23일 禮安에서 쓴 것으로 추정된다. 〔年代考〕初本(제19-暑-)에서 趙穆은 "【丙辰五月】二十六日答書。拜弘文館副提學有旨來到。"라고 하여, 退溪가 승정원의 書狀을 받은 것을 丙辰年(1556) 5월 26일의 일로 기록해놓았다. 趙穆의 착오인 듯하다. 初本에는 〈辭免弘文館副提學召命書狀【丙辰五月】〉로 되어 있고, "免"에 산거 부전지가 있다. 中本에는 〈辭免弘文館副提學召命書狀【丙辰五月】〉로 되어 있고 "書"에 산거 표시가 있다. 定草本에는 〈辭免弘文館副提學召命狀【丙辰五月】〉로 되어 있고, 부전지에 "'丙辰'質次"라고 하였다. 養校에 "手本, '丙辰'。"이라고 하였다.

奔走謝恩, 又難於再瀆辭免, 彌年兢仄, 日俟罪譴。

今五月二十三日, 復奉承政院書狀內, 以臣爲弘文館副提學, 令臣斯速乘馹上來事有旨。臣聞命震駭, 無所容措, 受恩稠疊, 何以稱塞?

臣愚陋空疎, 本乏世用, 疾病沈纏, 殆二十年。每曠職事, 至爲慚恐, 累次辭歸, 旋被召還, 尚復從仕不得, 年年益甚, 更無蘇復之望, 衆所顯知。以故四度[14], 第前年下鄕, 乃出於狼狽不得已之甚, 豈有他意? 今臣腹肚脹滿, 往往如包斗水, 元氣萎薾, 精神耗損, 言語應接, 失前忘後, 短視重聽, 憔悴枯槁。況彌心氣忪悇, 少失調保, 或至重發, 疑恐尋常惴惴。以如此重病人, 論思近密之地, 豈合一日冒處?

一二宰臣, 不知臣疾有增無減, 謂臣退閒一年, 或已差復, 故誤達天聽, 致有此命, 尤爲未安。雖然, 在臣之分, 天恩至重, 濫受譏責, 有不暇計, 急期熏沐, 將發行間, 適又暑證所添, 腹疾遽劇, 委頓倍常, 强扶上道, 勢必諸疾同時竝作, 治藥不及, 或死中路, 或不死到京, 供職不得, 顚仆蹭蹬而歸, 使群情嗤鄙, 則微臣一身, 不足顧恤, 誠恐上累眷召之意, 爲朝廷羞。緣此苟循私義, 未敢尸行, 撫躬踢地, 惶戰怔營。

竊伏惟念臣自去年夏至今一周歲間, 三被召旨, 一未趨赴, 罪當萬死。謹席稿私室, 以俟所有新授弘文館副提學乙良, 卽許鐫罷爲白只爲, 詮次以善啓云云。[15]

---

14 四度 : 柳校에 "此下疑有闕誤。"라고 하였고, 養校에 "'四度'上下疑有闕誤。"라고 하였다.

15 云云 : 初本·中本에는 "向敎是事"로 되어 있다. 養校에 "'云云'作'向敎事'。"라고

KNW029(辭狀啓辭-8)(癸卷8:8右)(樊卷8:8右)

辭免僉知中樞府事召命狀【六月】[16]

臣於去五月二十三日, 祗受承政院書狀內, 以臣爲弘文館副提學, 斯速乘馹上來事有旨。臣以病重, 奔命不得, 乞賜鐫罷辭緣, 修狀上送, 方深震越, 伏俟罪譴次, 又於今六月初八日, 祗受承政院書狀內, 以臣閒居村巷, 不仕于朝, 予懷未忘, 斯速上來從仕, 以副懇求之意。且令本道監司食物題給, 其勿謝事有旨, 寔在前書狀未下三五日前所下聖旨, 節次蒙恩, 有召有賜, 至下天章, 寵賁夐越, 非臣庸薄所堪承當, 臣不勝戰慄惶惑, 無地容措。

臣山野寒微, 至愚極陋, 幸逢聖代, 所以誤加眷念, 前後荐沓, 一至於此。臣雖頑固無狀, 豈不知感激奮發, 奔走效力, 以少伸螻[17]蟻[18]犬馬之誠? 且竭忠報國, 臣子至願, 凡在位皆然。況臣三朝受恩, 與天無涯, 至今日愈厚, 有何心情, 不肯仕宦? 祗緣臣積久病中, 又疊加病, 勢極窮蹙, 不得已控瀝辭免, 前上書狀, 謹具猥陳, 伏希聖鑑俯賜矜裁。

하였다.

16 丙辰年(明宗11, 1556년, 56세) 6월 8일 禮安에서 쓴 것이다. 初本에는 〈辭免僉知中樞府事召命書狀【丙辰六月】〉로 되어 있고 "免"에 산거 부전지가 있으며, 中本에는 〈辭免僉知中樞府事召命書狀【丙辰六月】〉로 되어 있고 "書"에 산거 표시가 있으며, 定本에는 〈辭免僉知中樞府事召命狀【丙辰六月】〉로 되어 있으며 養校에 "愚伏曰, "'命'下當有'竝乞致仕'四字。""라고 하였다.

17 螻 : 初本에는 "蠔"으로 되어 있으며, 養校에 "手本, '螻'作'蠔'。"라고 하였다.

18 蟻 : 中本의 추기에 "'蟻', 先生手錄雖如此, 恐'螻'字而偶失, 照管。"이라고 하였다.

臣又有危悃, 昧死瀆陳。臣自癸卯以後, 累次退歸。其初, 人或非臣, 今則人人知臣病重難仕, 故皆以臣歸爲當。臣亦見擧朝諸臣, 無有如臣病重者, 每當竊位尸祿, 頓廢夙夜之勤, 上畏國法, 下慙物議。臣雖欲貪榮冒寵, 久塵班行, 豈敢安於一日? 臣所以必願退歸者, 無他, 欲及未死之前, 少逭罪責而已, 不知緣何有此虛僞不近之名, 至於上徹宸聰, 乃以側席禮賢之擧, 下及於臣之賤劣。伏思臣罪, 無路可贖。

且假令今世, 實有恬退之人, 旣得其名, 尤當謹守其實, 庶或可也。若旣以恬退受恩於家, 又以寵利進用於朝, 則壟斷之譏, 必歸此人。況臣本求名利, 因病自廢, 初非廉謹, 安有恬退? 累蒙獎勵, 已甚叨竊, 如復攬此非名[19], 冒趨恩榮, 則人將謂臣以病圖利, 以退媒進。不唯小臣取鄙一時, 亦恐朝政貽譏後世, 臣雖滅死, 何以自白?

非獨此也。設或有人見臣冒進, 以爲人臣雖無寸勞, 苟有虛名, 足以欺天誑人, 則美官要職, 可以安臥而得。此風一開, 習俗轉薄, 眞僞淆雜, 末流難防, 豈不滋爲聖治之累?

當今邊圉多事, 文武之臣爭奮智力, 酬勞勸忠, 正須爵祿之重。臣於僉知中樞, 經年虛帶, 彼有功勞者, 不得受此祿秩, 妨賢害政, 臣罪亦重。雖然, 以臣憒昧, 如古君臣之義, 則講聞[20]熟矣, 豈敢忘義而循私? 惟是臣病無得差之期, 故臣身無可進之日, 而名在仕版, 如此特命之外, 亦有例賜, 書籍等件,

---

19 非名 : 擬本의 부전지에 "'非名'可疑"라고 하였다.
20 聞 : 初本에는 "間"으로 되어 있다. 中本·定本에는 "問"으로 되어 있으며, 추기에 "'問'恐作'聞'"이라고 하였다.

時下窮閻, 益深踧踖, 無由訴免, 進退失據, 日夜惕息, 思所以免此而不可得。

　獨有一事於此, 敢復慴陳焉。古者, 人臣難仕, 則必請致仕, 不獨大臣爲然, 亦不必年滿乃得也。臣不敢廣引故事, 有宋 陳致善, 以王府敎授乞致仕時, 君嘉而許之。致善官纔一命, 而年不至七十, 猶得其請。當是時, 士之處身宜無甚難, 而其爲是者, 亦豈忘義而然? 正欲爲臣之義, 有終而無斁也。

　臣伏願聖朝憫臣沈痼, 容臣狂狷, 令臣得依致善例, 許該曹刊去仕籍, 使得優游畢命, 庶幾微臣爰得處身之所, 用全聖朝以禮退人之道, 虛僞之門可杜, 覆載之恩有終, 亦或有裨於風化之萬一。

　臣越分凟請, 極知爲濫, 業已上誤聖朝, 致此踰越, 臣若自同疎外, 抱玆耿耿, 不以陳聞, 黯悶以死, 是尤自重其罪, 敢露祈懇, 伏候嚴命。右迫切辭緣, 詮次以[21]善啓云云。

KNW030(辭狀啓辭-9)(癸卷8:11右)(樊卷8:11右)
工曹參判病告乞免狀【戊午十二月】[22]

臣[23]矣段多年重病以節, 大司成除授後, 必于經涉二朔爲白良

21　以 : 養校에 "手本, '以'無。"라고 하였다.
22　戊午年(明宗13, 1558년, 58세) 12월 9일 서울에서 쓴 것이다.《明宗實錄》(권24: 79b)에도 실려 있다. 初本에는 〈辭免工曹參判【戊午□月○新陞嘉善拜工曹參判】〉으로 되어 있다. 中本에는 〈工曹參判病告乞免書狀【戊午十二月】〉로 되어 있으며 "書"에 산거 표시가 있다.

置, 其間仕進不過數日, 因犯風寒, 心熱上氣證暴發, 痰壅、腹脹日益沈困, 不得已三次呈辭, 從願得遞, 即時軍職付授, 天恩罔極爲白置。

臣病段偶然得發例不喩, 病根深痼。元氣耗損, 羸憊枯槁, 皮骨相黏, 面無人色, 僅續性命, 少發他證, 已貼於危急乙仍于。至今謝恩不得, 日夜惕息爲白如乎次, 不意本月初七日政, 特命陞秩嘉善, 爲工曹參判, 臣聞命驚惶, 罔知措躬。

小臣庸謬朽鈍, 無物可比, 病入膏肓, 每負國恩, 悶望情由乙, 前已瀝血陳訴, 非止一二。區區誠意, 未能上達, 至以辭退之懇, 反爲陞進之梯, 恩命荐異, 物情駭怪叱分不喩, 曠官竊祿, 人臣大罪, 二品亞卿, 爵位非輕, 設使臣不顧是非, 冒昧承受爲白在如中, 有罪自匿, 見利忘分, 本品則稱病辭縮, 陞秩則抗顔叨竊, 其爲無恥, 孰不唾鄙?

臣寧甘心譴罰, 不敢玷汚名器, 況於今如殿最之時, 曹堂上三員以參議段置, 赴京未還, 判書一員叱分以, 加于事體未安爲白昆。臣矣新授嘉善加乙良, 參判職幷以改正本差爲白只爲云云。

23 臣: 初本 앞에 "云云"이 있다. 中本 앞에 "云云"에 산거 부전지가 있다.

KNW031 (辭狀啓辭-10) (癸卷8:12右) (樊卷8:12右)

工曹參判謝恩後辭免啓【十二月】[24]

臣於本月初七日政, 伏聞特命之下, 非徒病未出謝, 所加職秩, 決非小臣所堪當, 勢[25]迫情懇, 不計萬死, 陳乞[26]改正, 區區籲忱, 未能上達, 只許給由。如是者再, 今[27]則不得已强來謝恩, 臣之遍慢, 罪不容誅, 煩瀆更啓, 至爲惶恐。

　　臣草野微蹤, 稟性愚陋, 出身以來, 長在病散, 無所諳歷, 不通世務, 全乏時用。又昧於處身[28]之宜, 賭得虛名, 輾[29]轉欺□[30], 竊位尸祿, 曾已極矣。

---

24 戊午年(明宗13, 1558년, 58세) 12월 26일 서울에서 쓴 것이다.《明宗實錄》(권24:81b~82a)에는 節錄되어 실려 있다. 初本에는〈工曹參判謝肅拜後辭免啓〉로 되어 있고, "肅拜"의 부전지에 "恩"이라고 하였으며, 부전지에 "本草多有誤字處, 只此寫之"라고 하였다. 中本에는〈工曹參判謝恩後辭免啓狀〉로 되어 있고 "狀"의 부전지에 "【戊午十二月】"이라고 하였으며, 부전지에 "'狀'{字}削"이라고 하였다. 定本에는〈工曹參判謝恩後辭免啓【戊午十二月】〉로 되어 있다.

25 勢 : 初本에는 "勞"로 되어 있으며, 부전지에 "'{勞}'恐作'勢', 本草同"이라고 하였다. 中本의 부전지에 "'勢'本草作'勞', 可疑。"라고 하였다.

26 乞 : 初本에는 "是"로 되어 있다. 中本에도 "是"로 되어 있으며, 부전지에 "'是'疑'乞'"이라고 하였으며, 주묵 추기에 "傳本亦作'是', 然'乞'字恐是."라고 하였다.

27 今 : 上本에는 "令"으로 되어 있고, 부전지에 "再下'令'字'今'"이라고 하였다.

28 身 : 初本에는 "勞"로 되어 있고, 부전지에 "'勞'恐'身', 本草同"이라고 하였다.

29 輾 : 初本・定本에는 "展"으로 되어 있다. 中本에는 "展"으로 되어 있으며, 추기에 "'展'恐'輾'"이라고 하였다.

30 □ : 두주에 "'欺'下缺字, 疑'天'字。"라고 하였으며, 樊本에도 동일한 두주가 있다. 初本의 부전지에 "'欺'字下疑有脫字, 傳本無", "■列草亦同."라고 하였다. 中本의 부전지에 "'{欺}'下缺一字, {疑}'天'"이라고 하였으며, 주묵 추기에 "恐一字爲當, 傳本亦無."라고 하였다. 定本의 부전지에 "'欺'下缺一字, 傳本亦無, 故空一字."라고 하였고, 擬本의 부전지에 "'欺'下缺字, 疑'天'字.【初本, <u>西厓校</u>】"라고 하였다. 養校에 "'欺'

頃來廷臣不恤小臣病廢如此, 徒以虛名或啓或注, 以致上誤簡記, 恩命累[31]下。微臣無狀, 進退失據, 陷於欺天之罪, 臣之窘悶, 無路得脫。且二品之職, 預聞國政, 豈可不量可否而姑試? 又何可明知不堪而妄受乎? 況今勞於國事者, 或至十年之久而未陞, 臣無寸勞, 通政後實仕纔數年而遽陞, 紊舛如此, 何以厭於公論?

尋常庶官[32]之中, 一日不仕, 臺劾隨之。又病滿三十日之法, 載在國法, 今臣不仕, 已近六十日, 不但無罰, 反加陞秩。臣獨何人, 以罰爲賞?

臣今雖强出, 仍抱痼疾, 上畏國法, 次畏公論, 反覆籌思, 不可冒處□[33]。授職秩, 請竝改正, 以授賢勞之人。

KNW032(辭狀啓辭-11)(癸卷8:13左)(樊卷8:13左)
辭免工曹參判召命狀【己未七月○第一、二狀闕。】[34]

臣於前月初八日, 祗受承政院書狀內, 以臣患病未差, 再上辭

下闕字, 似'天'。【西厓】"라고 하였다.
31 累 : 初本·中本·定本에는 "屢"로 되어 있다.
32 尋常庶官 : 初本에는 "常庶安"으로 되어 있으며, 부전지에 "'論'下恐有'尋'字, '安'恐作'官', {亦同}"이라고 하였다. 中本에는 "常庶安"으로 되어 있으며, 부전지에 "'常庶安'未詳, 恐'尋常庶官', '傳本亦同, 然尋常庶官, 恐是"라고 하였다. 定本의 주묵 부전지에 "'尋常庶官', 本草作'常庶安', 從後人斟酌, 標記定如此}"라고 하였다.
33 □ : 初本의 부전지에 "'■'字恐作'舊', '處'下疑有'新'字。"라고 하였다. 中本에는 이것이 없고 추기에 "'授'上恐有缺字"라고 하였으며, 柳校에 "'處'下缺, 疑'所'字。"라고 하였다.

狀, 令臣加調理上來事有旨。臣當初受由下來, 因病乞辭, 再蒙恩假出於例外, 惶恐感激, 罔知攸措。

卽當奔走上去, 臣犬馬微賤, 苦嬰疾病, 歲久年深, 種種沈痼, 血氣肌[35]肉, 耗削無餘, 僅有形骸, 艱保絲命, 勞傷虛損之極, 以致心疾轉劇, 神不守宅, 眩瞀忪怔。尋常無故, 鬱結憂疑, 鳥聲人語, 往往怵惕驚恐, 强抑侄傯, 必至喪心, 每每悶慮, 惴惴保持。

筋力竭盡, 運步則喘乏頓仆; 神思昏錯, 遇事則失前忘後。脹滿、濕腫、胃傷、痰壅等病, 往復迭侵, 防護不給節, 加之暑證, 腹疾暴發, 兼以上吐, 吐出鮮血, 臍腹絞痛, 三焦痞閉, 樽[36]悶欲死。

自是脾胃虛弱, 專不思食。食亦不消[37], 日益羸瘁, 膚色萎黃, 困殆綿惙[38]。本以重病, 添此毒證, 指期差復爲難。緣此起發不前, 上去不得, 悶迫無際爲白良爾。臣矣職乙良, 遞罷爲白只爲, 詮次以善啓云云。

---

34 己未年(明宗14, 1559년, 59세) 7월 초순 禮安에서 쓴 것으로 추정된다. 初本에는 〈辭工曹參判書狀【己未夏○受由下鄕後】〉로 되어 있고, 부전지에 "當入二度"라고 하였다. 中本에는 〈辭免召命書狀【己未】〉로 되어 있으며 "書"에 산거 표시가 있다.
35 肌 : 上本에는 "肥"로 되어 있다.
36 樽 : 初本·中本·定本에는 "撑"으로 되어 있으며, 庚本·擬本·甲本에도 "撑"으로 되어 있다.
37 消 : 上本에는 "削"으로 되어 있으며, 부전지에 "'削'字'消'。"라고 하였다.
38 惙 : 初本에는 "綴"로 되어 있다.

KNW033(辭狀啓辭-12)(癸卷8:14右)(樊卷8:14右)

辭免召命狀【辛酉二月】[39]

臣於去正月十五日, 祇受承政院書狀內, 以天使出來, 令臣乘馹上來事有旨, 臣聞命震越, 無地容措。臣猥劣無狀, 身抱勞傷之病, 心纏虛損之疾, 今至三十餘年。寒暑勞役, 動輒大發, 輾轉沈痼, 屢瀕[40]死域, 遂成廢人, 上負國恩, 前後非一。

去戊午年上京時, 道傷所致, 病勢極重, 在職五六朔內, 出仕未滿十日, 曠闕惶窘, 不得已受由下來, 還仕不得, 再三乞辭, 寬典不罪, 命遞工曹, 猶叙同知中樞。今至三年, 無由謝恩, 又無辭避之路, 徒積兢悶。玆被下召, 庶幾因此上去謝恩, 私竊祝幸次, 適聞同生有喪, 急遽而往, 馬驚墮[41]落冰澌水中, 衣裝盡濕, 因觸風寒, 右臂戾傷, 痛撼一身, 寒熱進退, 互相攻注, 氣血不運, 手足頑痹, 諸證竝作。熨藥治療, 俟得少差, 刻日上途計料, 非但差復無期, 重傷之餘, 本疾乘勢, 日久益甚[42], 膚汗體慄, 消削萎薾, 如不能終日。

心疾尤劇, 晝則昏悶怔忪, 夜則寢驚夢愕, 往往喘息奄奄, 窒塞不通, 良久乃續。危淺之命, 莫保朝夕。委篤至此, 強扶起發, 冒犯風雪, 顚頓道路, 斃仆逆旅, 無及於拯活。以此怔怯前

---

39 辛酉年(明宗16, 1561년, 61세) 2월 1~4일 禮安에서 쓴 것으로 추정된다. 初本에는 〈天使時被召辭狀【辛酉春】〉으로 되어 있고, 中本에는 〈辭免召命書狀【辛酉】〉로 되어 있으며 "書"에 산거 표시가 있다.
40 瀕 : 初本에는 "頻"으로 되어 있다.
41 墮 : 中本에는 "墜"로 되어 있으며, 擬本의 부전지에 "'墮'本作'墜'"라고 하였다.
42 甚 : 上本에는 "深"으로 되어 있으며, 부전지에 "'益深''深'字'甚'"이라고 하였다.

卻, 將發復已。

臣伏念以如臣垂死形骸, 華人所見處, 忝備使令, 非所敢擬, 因而謝恩, 亦不得遂, 仰慙俯慄, 罪當萬死。臣竊祈聖朝察此危迫之懇, 追寢前命, 其曾受同知中樞之職, 竝賜鐫罷, 容使微臣苟延時月, 畢義隴畝爲白只爲, 詮次以善啓云云[43]。

KNW034(辭狀啓辭-13)(癸卷8:15左)(樊卷8:15左)

辭免同知中樞府事狀一【乙丑三月】[44]

小臣往在己未春, 以工曹參判受由下鄕, 因宿疾加發, 上去不得, 呈辭得遞。未幾, 猥蒙上恩, 除授同知中樞府事, 只緣身病如前, 莫由趨謝。

---

43 云云 : 初本·中本에는 "向敎是事"로 되어 있다.

44 乙丑年(明宗20, 1565년, 65세) 3월 禮安에서 쓴 것이다. 이것은 退溪가 同知中樞府事의 면직을 청하는 辭狀이다. 乙丑年(1565) 3월에 지은 뒤, 다른 사정 때문에 같은 해 4월 6일에야 서울로 보냈다. 이 辭狀 題下 細注,《年譜》(권2:3a),《履歷草記》(《春塘集》, 권4:12a) 참조. 이 辭狀은 그 제목에 同知中樞府事의 면직을 청하는 첫 번째 辭狀, 곧〈辭免同知中樞府事狀一【乙丑三月】〉로 기록되어 있다. 이 辭狀이 아래 辭狀啓辭-14번〈辭免同知中樞府事召命狀二【丙寅正月】〉및 辭狀啓辭-15번〈辭免同知中樞府事召命狀三【二月】〉과 연계된 것으로 잘못 파악했기 때문에 그렇게 기록한 것이다. 하지만 이 辭狀과 아래 辭狀啓辭-14번~15번은 그 성격이 엄연히 다르다. 退溪는 이 辭狀을 올린 결과 乙丑年(1565) 5월 同知中樞府事에서 이미 체직되었다. 그리고 같은 乙丑年(1565) 12월 26일 다시 同知中樞府事에 임명되었다. 그때 同知中樞府事에 임명하고 부른 明宗의 명령에 대한 辭狀이 아래 辭狀啓辭-14번~15번이다. 곧 이 辭狀과 아래 辭狀啓辭-14번~15번은 내용상 서로 별개의 것이다. 따라서 이 辭狀의 제목은 '一' 자를 없앤〈辭免同知中樞府事狀【乙丑三月】〉으로 수정하는 것이 옳다. 그리고 辭狀啓辭-14번~15번의 제목도 각각〈辭免同知中樞府

至辛酉正月間, 天使將來, 外方文臣, 循例收召, 臣名亦在
其中。時方寒疾劇苦, 扶舁上道, 觸犯風雪爲白[45]在如中, 路斃
丁寧乙仍于, 具由籲陳, 因竝乞辭同知之職。已而承奉下旨內,
許且停行, 聖恩如天, 感激無地, 非臣糜粉所能上報, 惟辭職
一事, 未蒙俞允。

自是以後, 荏苒歲月, 至于今日, 犬馬之齒, 益以頹暮, 久
遠嬰疾, 歲歲加重。前年秋, 又發風濕病, 脚膝痿痺, 運步艱
蹇, 往往一身氣血, 全不通貫。冬來, 變爲寒疾, 痰氣塞胸, 五
臟百骸, 更迭受病, 冷熱相激, 治藥難施, 至今種種病狀, 不敢
具悉仰瀆天聽。

臣每欲陳狀力辭, 則疎遠煩瀆, 積深惶恐, 如欲奔走上去,
則病身如縶, 起發不前, 稽淹恩命, 至於六七年之久, 狼狽窘
蹙, 久而愈甚, 罔知所爲, 徒然伏俟彈駁之至。何意因循, 迄又
漏網？

臣竊伏念自古人臣, 陳力就列, 則鞠躬盡節; 老病曠闕, 則
乞身放退, 此外更無他道。臣獨何人, 身廢[46]田里, 名忝班列？
揆分責義, 罪當萬死。如此叨竊, 終若不解, 危淺[47]之命, 一朝

事召命狀一【丙寅正月】〉과〈辭免同知中樞府事召命狀二【二月】〉로 수정하는 것이 옳
을 것이다. 그러나 혼란을 피하기 위해 여기에서 고치지는 않았다. 初本에는〈辭免同
知中樞書狀【乙丑二月】〉로 되어 있으며, "樞" 뒤의 추기에 "府事"가 있고, 中本에는
〈辭免同知中樞府事書狀一【乙丑三月】〉로 되어 있으며 "書"에 산거 표시가 있다.
45　白: 初本에는 이 글자가 없다. 中本에도 없으며, 주묵 부전지에 "'爲'下脫'白'字."
라고 하였으며, 추기에 "傳本亦脫'白'字."라고 하였다.
46　廢: 上本에는 "癈"로 되어 있으며, 부전지에 "'癈'字'廢'."라고 하였다.
47　淺: 上本에는 "殘"으로 되어 있다.

溘然, 負罪抱恨以死, 身雖入土, 不能瞑目爲白乎去, 日夜憂惶, 無所容措. 玆敢冒昧上陳, 謹席藁私室, 以俟威命之下.

且臣病難仕, 人人所知, 臣職當罷, 國言皆同. 如蒙下問, 微臣憫迫之情, 物論訾嗤之實, 可以得徹睿鑑. 伏乞聖慈特賜矜軫, 臣矣前受同知中樞之職, 許令鐫罷, 庶幾微臣得以安分守病, 畢義歸盡爲白只爲云云[48].

KNW035(辭狀啓辭-14)(癸卷8:17右)(樊卷8:17右)

辭免同知中樞府事召命狀二【丙寅正月】[49]

臣於今月十四日, 祗受有旨書狀, 以前工曹參判召臣, 續奉除命, 又授[50]臣同知中樞府事, 皆出特恩, 臣不勝驚惶感激, 無地措躬.

臣去年夏, 始蒙遞閒之命, 天恩罔極, 而身病則有增無減, 至于冬末, 寒疾重劇, 腰脅掣痛, 轉動不得, 冷痰塞胸, 咳嗽痞結, 羸瘁骨立, 日益困憊.

---

48 云云 : 初本에는 없다.
49 丙寅年(明宗21, 1566년, 66세) 1월 27일 榮州에서 쓴 것이다. 이 辭狀의 제목을 〈辭免同知中樞府事召命狀一【丙寅正月】〉로 수정하는 것이 합당함은 위 辭狀啓辭-13번 〈辭免同知中樞府事狀【乙丑三月】〉의 題下注에서 이미 밝혔다. 初本에는 〈辭同知中樞召命書狀【丙寅正月日在榮川】〉으로 되어 있고, "樞" 뒤의 추기에 "府事"가 있으며, 부전지에 "丙寅正月被召發行"라고 하였으며, 추기에 "病留榮川郡"라고 하였다. 中本에는 〈辭免同知中樞府事召命書狀二【丙寅正月二十八日】〉로 되어 있으며, "書"에 산거 표시가 있다.
50 授 : 初本에는 "受"로 되어 있다.

不意承被召除, 旣難稽命, 又怯觸寒, 遲徊累日, 强扶登途。適値大雪凝冱, 虛極一身, 風寒逼骨, 勞證峻發, 遍體疼痛, 心氣忪怔, 虛汗自流, 常有發熱之狀, 氣息奄奄, 如不終日, 强爲扶曳前途, 日日危劇, 消剝摧殘, 溘死丁寧。

小臣猥以微賤, 厚蒙國恩, 愚病相仍, 無由報效, 反以此故, 處身迂滯, 竊取虛名, 欺瞞一世, 至於上誤宸聰, 恩命狎至, 又緣此患, 每不能奔走供職, 臣罪當萬死, 誠所甘心。

第以忝被異眷之餘, 顚沛道路, 棄命草野, 實爲玷累恩旨, 爲朝廷羞, 傳笑四方, 加于憂窘罔措。伏乞聖慈矜悶危懇, 還收召命, 依前遞職, 仍賜退歸, 庶幾微臣歸死故土, 獲遂首丘之願, 焦渴仰禱。右辭緣, 詮次以善啓云云[51]。

KNW036(辭狀啓辭-15)(癸卷8:18右)(樊卷8:18右)
辭免同知中樞府事召命狀三【二月】[52]

本月初十日, 臣於豐基郡, 祗受有旨書狀內, 不許臣辭職停召之請, 令臣善調徐徐上來, 仍遣內醫官延壽聃診病, 竝賜以良

---

51 云云 : 初本·中本에는 "向敎是事"로 되어 있으며, 定本에는 없다.

52 丙寅年(明宗21, 1566년, 66세) 2월 13일 醴泉에서 쓴 것이다. 이 辭狀의 제목을 〈辭免同知中樞府事召命狀二【二月】〉로 수정하는 것이 합당함은 위 辭狀啓辭-13번 〈辭免同知中樞府事狀【乙丑三月】〉의 題下注에서 이미 밝혔다. 初本에는 〈又第二【二月日在醴泉】〉로 되어 있고, 부전지에 "辭同知中樞府狀二【二月病留醴泉郡】"이라고 하였다. 中本에는 〈辭免同知中樞府事書狀三【丙寅二月】〉로 되어 있으며 "書"에 산거 표시가 있다. 定本에는 〈辭免同知中樞府事召命狀三【丙寅二月】〉로 되어 있다.

藥種種。茲實曠罕非常之禮,出於萬萬不意,震怖惶惑,罔知攸措。

臣因竊伏念自古人君,將此等盛禮,得其人而施之合宜,誠爲美事。如臣庸陋,最出羣臣之下,曾溷仕路,位至二品,絲毫莫補,疎短百出,舉世皆知,萬目難掩。不知何故致誤聖朝,乃以無前之事,遽施最下之流?

臣若徒以貪慕恩榮之故,犯分忘慚,不顧禮義而進,則一時淸議,萬世正論,謂聖朝此舉爲何禮? 謂小臣此行爲何義? 招虞以旌,虞不敢往,禮愚如賢,愚豈敢往? 設使在微臣,不足掛論,所不可不惜者,朝廷事體,故聖上垂意之勤太過,愚臣冒進之罪益大。

況小臣老羸之身,百疾嬰纏,前後悉陳,今次醫官,亦已洞診[53],咫尺天威,敢有欺罔? 且爲人臣子,所以事君父效忠勞,惟有此心。心苟受病,將何以事上? 將何以從政? 小臣百病之中,心病尤重,靜處稍可,少有勞動行役,輒至重發。

頃因道勞虛損之極,方苦此病,適添駭憫之迫,日夕憂惕悸恐,欲加鎭寧,愈更忪忪。若此不已,將不得保性情爲人類以死,尤用鬱悒。

臣承命以來,強勉扶曳,艱到醴泉郡,向來諸證,乘勞竝作,氣竭力盡,眩瞀困倒,更前不得,籲天瀝血,伏地待命。臣今危懇,不敢望歸田里,願及存喘,得蒙骸骨之賜,死無餘憾。臣不勝區區切蘄之望。右良辭緣,詮次以善啓云云[54]。

---

53 診 : 初本에는 "眕"로 되어 있다.
54 云云 : 初本·中本에는 "向敎是事"로 되어 있다.

KNW037〈辭狀啓辭-16〉〈癸卷8:19左〉〈樊卷8:19左〉

辭免工曹判書召命狀一【三月一日】[55]

臣前月二十五日, 於醴泉郡祇受有旨書狀內, 如前不許臣退歸, 令臣調理徐徐上來。臣聞命殞越, 益深危悶, 累辭煩瀆, 惶恐無地。

然而臣病非偶然所發, 得之四十餘年, 日深月痼, 屢瀕死域, 艱保至今。況今次因勞加發, 仍在旅途羈苦之中, 欲其計日調治, 救此積年加發之病, 豈不甚難?

以故自正月至今, 經涉三朔, 輾轉往復, 差息無期, 悶望尤極。長在官舍, 調病難便乙仍于, 同月二十六日, 不得已安東地山寺移入, 苟就僻處, 席藁度日。

臣又伏覩狀面, 以工曹判書塡銜, 而狀中不擧此事, 臣又未見政目, 莫測端由, 惟增震駭, 然又不可無一辭以露微悃。

小臣往在戊午年分, 因事還朝, 爲成均長官, 身病已極, 二三朔間, 仕日不滿四五, 方懼誅罰, 反有陞秩之命, 爲本曹參判, 黽勉兩朔, 又僅仕三日, 寸無餘力可望報效。由是惶窘, 在朝不得, 蹭蹬退歸, 今乃無故遽或陞遷, 自古以來, 安有此事? 設使果有之, 必因物論彈駁, 已有處分, 不待微臣喋喋猥陳。

---

[55] 丙寅年(明宗21, 1566년, 66세) 3월 1일 安東 廣興寺에서 쓴 것이다. 初本에는 〈辭工曹判書書狀第三【三月初一日在安東鶴駕山寺】〉으로 되어 있고, "辭" 옆의 추기에 "資憲大夫"가 있으며, "狀" 뒤의 추기에 "一"이 있고, 부전지에 "【三月病留安東府鶴駕山】"이라고 하였다. 中本에는 〈辭免工曹判書召命書狀一【丙寅三月一日】〉로 되어 있고 "書"와 "一"에 산거 표시가 있다. 定本에는 〈辭免工曹判書召命狀一【丙寅三月一日】〉로 되어 있다.

惟是小臣積病餘喘, 皮骨相黏, 面無人色, 憔悴萎黃, 見者
驚嗟, 氣息綿延, 性命阽危, 每發一證, 動輒疑死。稽違君命,
罪戾憂恐, 臣之情憫, 非但國人無不見知, 天地鬼神所共監臨。
伏乞聖慈特垂矜察, 賜臣骸骨, 仍依去年四月二十日遞臣同知
指揮, 置臣無職之地, 庶少延保, 畢義歸盡爲白只爲, 詮次以
善啓云云[56]。

KNW038(辭狀啓辭-17)(癸卷8:21右)(樊卷8:21右)
辭免工曹判書召命狀二【三月十四日】[57]

本月十三日, 臣於安東地山寺良中, 祗受承政院書狀內, "毋敢
求退, 安心調理上來"事有旨。小臣愚闇老病從仕不得緣由, 曾
已反覆陳達, 今不敢縷瀆天聽。小臣迂濶固滯, 濫蒙大恩, 罔
知所處之宜, 罪當萬死。

臣前以從品亞卿之職, 猶不堪當, 退辭累年, 始蒙許退, 天
恩罔極。今乃無故遽[58]陞正品, 爲六卿之職, 臣若不顧前後, 冒

---

56 云云 : 初本·中本에는 "向敎是事"로 되어 있다.
57 丙寅年(明宗21, 1566년, 66세) 3월 14일 安東 鳳停寺에서 쓴 것이다. 初本에는 〈辭工曹判書兼大提學書狀第四【三月十五日在同上。】〉으로 되어 있는데 "兼" 옆의 추기에 "弘文館藝文館"이 있고, 부전지에 "【三月病留安東府鶴駕山。】"이라고 하였다. 中本에는 〈辭免工曹判書兼弘文館藝文館大提學召命書狀【丙寅三月十四日】〉로 되어 있는데 "書"에 산거 표시가 있다. 定草本에는 〈辭免工曹判書召命狀二【丙寅三月十四日】〉로 되어 있다.
58 遽 : 定草本·庚本·擬本·甲本에는 "□"로 되어 있다. 擬校에 "初本, '故'下有遽字."라고 하였다.

昧進受, 辭小受大, 以退媒進, 其爲巧詐汙賤, 難可形言。假令小臣微眇, 不足與論於禮義, 不知聖朝見臣如此見利忘懋, 喪其所守, 何取於臣而必授以高官重秩乎?

臣伏睹前古人臣有如此者, 當時不恤而進用, 卒至敗壞天下者有之。臣雖至愚, 誠不忍效其所爲, 況雖微官末職, 必計其資歷功勞而後陞職, 是爲例事。小臣前爲本曹參判, 僅仕三日, 今進爲判書, 非徒古今絶無之事。深恐國家爵賞之典, 自此隳紊, 誠非細故。因竊伏念臣以積病沈痼, 待命三朔, 憂惶加病, 差息無期節, 新除職秩, 揆以義分資歷, 一無可受之理, 如此留連待命, 猶有覬望叨進之意, 臣罪尤重。仍次留待不得, 惶恐無地。

右辭緣, 詮次以善啓云云。[59]

KNW039(辭狀啓辭-18)(癸卷8:22右)(樊卷8:22右)
辭免知中樞府事召命狀【七月九日】[60]

臣去四月十七日, 祗受承政院書狀內"因臣懇辭, 姑遞臣本職兼文翰之任, 仍授閑官, 令臣安心調理, 待病勢差愈上來"事有旨。臣以至愚極陋, 荐被誤恩, 獎擢超躐, 降旨重疊, 道病顚

---

59 云云 : 初本에는 "向敎是事"로 되어 있다.
60 丙寅年(明宗21, 1566년, 66세) 7월 9일 禮安에서 쓴 것이다. 初本에는 〈辭知中樞府事召命書狀【七月初九日】〉로 되어 있는데 "初九日"에 산거 표시가 있다. 中本에는 〈辭免知中樞府事召命書狀【丙寅七月九日】〉로 되어 있는데 "書"에 산거 표시가 있다. 定草本에는 〈辭免知中樞府事召命狀【丙寅七月九日】〉로 되어 있다.

沛, 累辭不獲。方懼雷霆之威, 復忝文翰之任, 非但臣心震越愈蹙, 凡在物情, 莫不駭怪。旋蒙聖度包容, 離明曲照, 旣寬罪罰, 加賜矜軫, 許令幷遞兩任, 處以優職, 隆恩洪造, 莫與倫比, 感激兢戰, 無地容措爲白置。

臣心疾勞疾, 得之三四十年, 後來加以脹痞痰飮等病, 歲增月益, 合成沈痼, 寒暑風濕, 觸冒勞動, 一切無堪, 動輒加發, 發必危革乙仍于, 前矣四次至, 前赴召命, 或留三四年或四五朔爲白良置, 竝只廢仕尸祿, 憨負國恩而退爲白如乎。今年段, 犬馬之齒, 將近七十, 積病加老, 形神氣力, 無復支持。顚沛來歸, 憂慄增病, 委頓困憊, 枯竭虛損, 心忪腹痞, 往往昏眩欲仆, 諸病迭乘, 伏俟溝壑之塡, 望絶差愈之期。緣此未能奔走上去, 臣之無狀, 至此尤極。異恩殊渥, 終未仰承, 臣罪當萬死, 無以自贖叱分不喩, 前矣二品從職段置, 冒濫空得, 玷汙名器莫甚爲白去等。況今資憲重加, 知事准職, 豈當無故躐躋? 且因辭免而得進爵, 士風益猥, 輕王爵而授匪人, 國典愈隳, 所關極重, 非臣得私。玆敢不避斧鉞之誅, 復陳螻蟻之悃, 臣惶恐昧死。

歷代人臣或老或病, 不論官大小, 皆許致仕, 至於祖宗朝猶然。欲望聖慈深察愚衷, 特令該曹將所陞資憲加與節次除職, 竝皆收還改正, 仍以前職秩, 依例致仕, 置之散外, 庶幾上謹朝廷與奪之柄, 下遂微臣愚分之安, 僂僂至願, 不勝懇迫切祝之至。

右辭緣, 詮次以善啓云云。[61]

KNW040(辭狀啓辭-19)(癸卷8:23左)(樊卷8:23左)

禮曹判書謝恩後辭免啓【丁卯八月一日】[62]

小臣身病在外[63]。前年四月，知中樞府事除授，只緣老病委篤，控乞辭免，雖未蒙允，亦不加罪，天恩罔極。今年春，以天使時製述官下召，强扶上來，觸熱加病，入城三日，未及謝恩，而遽遭大喪，攀號痛迫之餘，積勞重傷，元氣萎敗，日益困憊，脾胃證兼發，專不思食，食亦不消，羸悴骨立，心氣虛損，怳惚忪怔，失前忘後，狀如迷罔之人，僅續絲命，衆所顯知。不意銓曹擬除本職，臣聞命驚惶，罔知措躬。況本曹典神人司教化，事大交隣，職務繁重。如臣懦陋不文，加以重病如此，決不能堪任。請遞臣職，以授賢能之人。[64]

KNW041(辭狀啓辭-20)(癸卷8:24左)(樊卷8:24左)

再啓【同日】[65]

再啓惶恐。臣自少得羸瘵虛勞之疾，今至四十餘年，歲增月益，

---

61 云云 : 初本·中本에는 "向教是事"로 되어 있다.
62 丁卯年(宣祖元年, 1567년, 67세) 8월 1일 서울에서 쓴 것이다. 初本에는 〈禮曹判書謝恩後辭免啓【丁卯八月初一日。日記抄乃正本也。】〉로 되어 있는데, "禮曹判書謝恩後辭免啓"에 산거 표시가 있다. 中本에는 〈禮曹判書謝恩後辭免啓〉로 되어 있고, 부전지에 "【丁卯八月一日】", "'狀'字削, 下同。"이라고 하였다.
63 身病在外 : 初本에는 없다.
64 人 : 初本에는 뒤에 "仍許臣致仕放歸田里云云。"이 있다.

一身血氣, 消損枯渴, 頓無筋力可堪從仕, 憫負兢惶。每乞辭退, 往往雖蒙召還, 如前不能供職, 又至退歸。臣之無狀如此, 罪不容誅。在先王朝, 尙用寬典, 反以虛名, 累加爵秩。至前年春, 陞至工曹判書, 六卿之列, 任大責重, 決不可以尸素冒處, 昧死辭免, 蒙恩得遞。今臣老病, 甚於去年, 本曹任重, 倍於工曹。前日工判之任, 猶不堪當, 今於本曹之重, 豈敢冒處? 方今新政禮文及三都監儀式多端, 皆在本曹, 事務方殷, 一日不可無長官。請亟命遞臣職, 以授賢能之人, 仍許臣致仕, 放歸田里。

KNW042(辭狀啓辭-21)(癸卷8:25右)(樊卷8:25右)

禮曹判書病告乞免狀一【二日】[66]

臣[67]矣段多年痼疾以節, 因勞加發, 元氣傷敗, 日益萎薾, 肌肉消瘦, 僅存皮骨, 虛損迷罔, 困殆委篤, 強亦出仕爲在如中, 勞

---

65 丁卯年(宣祖元年, 1567년, 67세) 8월 1일 서울에서 쓴 것이다.

66 丁卯年(宣祖元年, 1567년, 67세) 8월 2일 서울에서 쓴 것이다. 初本에는 〈禮曹判書{辭免}病狀初呈【八月】〉로 되어 있는데 "{辭免}"에 산거 표시가 있다. 부전지에 "辭免禮曹判書狀", "{脫}一辭狀, 在禹景善珠字。"가 있다. 中本에는 〈禮曹判書病告乞免啓狀一〉로 되어 있는데, 부전지에 "狀一【二日】"이라고 하였다. 또 부전지에 "{進}啓之體有四, 一曰書狀, 二曰啓目, 三曰啓辭, 四曰呈狀。今以書狀啓辭呈辭皆稱啓狀, 未穩。更詳之。", "此乃呈辭狀, 與上啓辭自別, 不當聯書一二三四。", "在京病呈辭, 故付標不書。"라고 하였다. 〔今按〕中本의 부전지 내용은《退溪集》산문 편성 原則과 관련하여 중요한 정보를 담고 있다.

67 臣 : 初本·中本에는 앞에 "云云"이 있는데, 中本의 "云云"에 산거 부전지가 있다.

動倅偬之餘, 發熱上氣, 不日之間, 摧殘以盡絃如, 至爲憫迫爲白良爾。臣矣職乙良, 本差爲白只爲, 詮次以善啓云云。⁶⁸

KNW043(辭狀啓辭-22)(癸卷8:25左)(樊卷8:25左)
禮曹判書病告乞免狀二【五日○第三狀闕。】⁶⁹

臣年垂七十, 百病纏綿, 屢瀕死域, 軀命如絲, 頓無筋力可堪奔務, 雖有犬馬之誠, 無由展布, 冒濫尸素, 其罪尤重, 逃祿歸耕, 庶免邦憲。小臣抱玆哀悃, 三十餘年, 更歷三朝, 凡四次退歸, 四蒙召還。每還, 從仕之難, 倍甚於前, 不得已又退歸。至于去年, 臣病愈深, 國恩益重, 惶恐窘迫, 萬死乞辭。伏蒙先王曠度含垢, 矜恕不問, 聖恩如天, 微物得所。不意今年復以製述官下召, 每辭極難, 强扶入都, 甫過三日, 遽遭罔極之變, 蒼黃顚倒, 病不支吾。禮判除命, 適會玆時, 一日不能出仕, 至於辭避。方今離明繼照, 萬物欣睹, 此正臣子效忠宣力之秋。而愚臣沈痼癃殘, 百廢無狀, 乃至此極。無功而食於上, 古人以爲不恭, 不能而不知止, 周任譏其焉用。臣將何顏面, 貪昧恩榮, 不能而不止, 上以羞辱於淸朝, 下以汙壞於士風? 假使臣可能從仕, 前在三朝, 寵渥如彼, 何苦不仕而甘心窮餓? 今遇

---

68 云云 : 初本·中本에는 "向敎是事"로 되어 있다.
69 丁卯年(宣祖元年, 1567년, 67세) 8월 5일 서울에서 쓴 것이다. 初本에는 〈再呈【八月】〉로 되어 있는데, "再呈"에 산거 표시가 있다. 中本에는 〈禮曹判書病告乞免啓狀四〉로 되어 있고, 부전지에 "狀二【五日】", "'四'字當作'二'."라고 하였다.

新政, 眷命如此, 又何更不願而苦乞休致? 伏望聖慈憐臣垂死
之命, 察臣畢義之願, 許臣致仕, 俾遂歸死田里爲白只爲云云.

KNW044(辭狀啓辭-23)(癸卷8:26左)(樊卷8:26左)
辭免同知經筵召命狀【十月二十九日】[70]

臣於本月二十三日, 祗受同副承旨書狀, 以"臣當侍經筵, 令臣
乘馹上來"事有旨, 臣聞命震越, 罔知攸措, 卽當趨造闕下, 恪
謹供職. 況今臨御伊始, 聖學日新, 寤寐賢傑, 拔茅彙征. 臣尤
當進思盡忠, 同寅協贊, 庶效涓埃. 第緣臣疾病顚踣, 多積年
紀, 徒以虛名, 致誤累朝, 受恩每至於不報, 居官輒歸於失守,
慙負惶窘, 不得已辭退. 如是累次, 罪已難赦. 今夏入都, 遽遭
罔極之變, 崩迫奔遑之餘, 身病增劇, 形頓神澌, 奄奄欲盡. 適
會蒙恩, 除禮曹判書, 新政異渥, 莫大於此, 乃不能一日供職
而遞, 人臣之義, 掃地盡矣. 旣失官守, 惟當速去, 又恐遂死於
尸竊之中. 緣此怔忪, 山陵未畢之前, 荒忙退歸, 勢迫理蹙, 雖
不獲已, 揆以始終之義, 極知闕然. 物論煩興, 歸臣罪責, 將不

---
70 丁卯年(宣祖元年, 1567년, 67세) 10월 29일 禮安에서 쓴 것이다. 〔年代考〕이것
은 退溪가 同知經筵事의 召命에 대해 사면을 청하는 辭狀이다. 그 題下 小註로 丁卯
年(1567) 10월 29일에 지어서 올린 것임을 알 수 있다. 中本에는 9월 29일로 기록되
어 있으나《退溪先生年譜》등을 참고할 때 10월 29일이 옳은 듯하다. 初本에는 〈辭⬚
⬚⬚⬚⬚知經筵召命書狀【十月二十八日】〉로 되어 있는데 "十月二十八日"에 산거 표시
가 있고, 추기에 "當在丁卯九月."이라고 하였다. 中本에는 〈辭免知經筵召命書狀【丁
卯九月二十九日】〉로 되어 있는데 "書"에 산거 표시가 있다. 定草本에는 〈辭免同知經
筵召命狀【丁卯十月二十九日】〉로 되어 있다.

得齒數於人類。臣方席稿私室，省愆懲咎，以俟誅罰之至。不意今者聖恩寬厚，包荒洒垢，反加收召，溫諭丁寧。感激惶仄，糜粉何酬？

顧臣罪釁重疊，如前所陳，今又前病重發，外傷風寒，內積心熱，虛損忪怔，委篤困憊，痰喘交作，僅續殘命，當此隆寒，遠道奔馳，觸冒暴發，不朝卽夕。殞斃中野，猶不足惜，萬一不死，得至都下，受恩不報，居官失守，倍甚於前，上負虛宁之至意，下受清議之重責，爲朝廷羞，又必至於空退。臣前後所爲，無狀如此，死有餘罪。

伏乞聖慈俯賜矜憫，特許停臣召命，遞臣講職，仍許臣依禮致仕，令臣退安愚賤，畢義壟畝爲白只爲，詮次以善啓云云。[71]

KNW045(辭狀啓辭-24)(癸卷8:28右)(樊卷8:28右)

辭免召命狀【戊辰正月九日】[72]

臣老病昏塞，百廢無堪，每每負恩，罪釁深重。節禮召隆旨，難以承當，已拜一疏，乞賜罷免，仍請致仕去訖。今以天使時接應事有旨書狀，本月初八日祗受，卽當趁急奔赴。

71　云云 : 初本·中本에는 "向敎是事"로 되어 있다.
72　戊辰年(宣祖1, 1568년, 68세) 1월 9일 禮安에서 쓴 것이다. 初本에는 〈天使製述官召命辭狀【戊辰正月初九日】〉로 되어 있고, 부전지에 "十一月失"이라고 하였다. 中本에는 〈辭免召命書狀【戊辰正月九日】〉로 되어 있고, "書"에 산거 표시가 있다.

第緣臣長年病身, 氣血虛怯, 心熱蘊積, 小遇風寒, 卽寒疾
發動, 冷氣徹骨, 顫掉潔痒, 心熱上氣, 一時交發, 失治不汗,
則俄頃間性命難保。去年此時, 寒疾痰喘得發, 數朔至苦痛,
幾死僅蘇。今當其節, 前證間發, 因遂大發疑畏, 深閉固護, 日
夜慄慄艱保。

今如春寒方嚴, 不異冬日, 中路遇寒, 殞斃丁寧。糞土之
命, 猶切哀憫, 加以前下聖旨承當不得辭緣, 疏中一一上陳。
惶戰死罪, 席稿俟命爲白去乎, 詮次以善啓云云。[73]

KNW046(辭狀啓辭-25)(癸卷8:29右)(樊卷8:29右)

召命祗受狀二【正月二十九日○第一狀闕。】[74]

本月二十九日祗受都承旨書狀內, '令臣不以進退爲嫌, 上來'事
有旨。臣聞命震恐, 求死不得爲白置。小臣矣種種無狀, 萬負
國恩, 罪當誅滅辭緣段, 節召除辭狀內, 瀝血[75]罄陳, 謹席稿伏
地, 日俟威命之下。右辭緣, 詮次以善啓云云。[76]

---

73 云云 : 初本·中本에는 "向敎是事"로 되어 있다.
74 戊辰年(宣祖1, 1568년, 68세) 1월 29일 禮安에서 쓴 것이다. 初本에는 〈上疏後御批下答有旨書狀謝上書狀【正月日】〉로 되어 있는데, "下答"에 산거 표시가 있다. "書狀謝上" 옆에 추기로 "祗受"가 있고, 부전지에 "'十九日', '二十九日', '失。"이 있는데 "二十九日"에 산거 표시가 있다. 中本에는 〈召命祗受書狀一【戊辰正月二十九日】〉로 되어 있는데 "書"와 "二十九日"에 산거 표시가 있다. 定草本에는 〈召命祗受狀二【戊辰正月二十九日○第一狀闕。】〉로 되어 있다.
75 辭狀內瀝血 : 中本의 부전지에 "'{辭狀}內瀝血'云云, 可{指}祗受狀, 非辭狀也。" 라고 하였다.

KNW047(辭狀啓辭-26)(癸卷8:29右)(樊卷8:29右)

召命祗受狀四【四月七日○第三狀闕】[77]

小臣幸逢聖代，爲臣無狀，厚誣朝聽，以致誤恩洊加，威命屢瀆，委頓昏惑，久違臣隷顚倒之節。頃上封章，刳瀝心肝，庶幾獲蒙哀省。不意蟻忱愈鬱，鴻恩轉隆，本月初六日，天文習讀官柳希瑞又齎捧敎書來，辱下宣訖，眷顧敦諭，增重如山。臣祗受以還，精魂飛散，無所投死。臣重自悼責，誠未上格，言歸虛飾，以至於此，罔聖欺天，罪無逃逭，戰灼憂窘，靡所措躬。辭緣，詮次以善啓云云。[78]

KNW048(辭狀啓辭-27)(癸卷8:29左)(樊卷8:29左)

辭免右贊成乞回納段香狀【五月九日】[79]

臣過蒙宸簡，累被嚴召，由臣私義，百無一堪，磬陳危懇，久未蒙許，顚倒奔命，又復稽延。臣罪當萬死，無以自贖。

76　云云 : 初本·中本에는 "向敎是事"로 되어 있다.
77　戊辰年(宣祖1, 1568년, 68세) 4월 7일 禮安에서 쓴 것이다. 初本에는 〈祗受敎書書狀【四月初六日】〉로 되어 있다. 中本에는 〈辭免召命啓狀〉으로 되어 있는데, 부전지에 "狀三", "召命祗受書狀二【戊辰四月七日】", "'狀'下當有'三'字, 上同。"이라고 하였다. 定草本에는 〈召命祗受狀四【戊辰四月七日○第三狀闕。】〉로 되어 있다.
78　云云 : 初本·中本에는 "向敎是事"로 되어 있다.
79　戊辰年(宣祖1, 1568년, 68세) 5월 9일 禮安에서 쓴 것이다. 初本에는 〈辭崇品資及段香書狀【五月初十日】〉로 되어 있는데, "資"에 산거 표시가 있다. 中本에는 〈辭免右贊成乞回納段香啓狀一〉로 되어 있는데, "一"에 산거 표시가 있다. 부전지에 "書狀

只緣臣往前在朝, 無時不病, 長廢職務, 本合尸素之誅, 偶脫天網而退。頃來朝廷, 方峻治臣僚稱病避事之罪。臣伏念諸臣偶病一事, 猶不免物論如彼, 如臣長病, 每每避事, 從前罪犯, 不可勝數, 豈敢抗顏復進以干邦憲乎? 況今天使之來, 正當多事時, 強進闕下, 夙夜奔走, 非但病發莫測, 假如未死之前, 告病延喘, 則是重自納於避事之誅, 比之前時, 罪犯尤甚。臣首鼠惶惑, 心病日劇, 不勝憫迫之至。

臣前蒙教書內, 憐臣老病, 不許臣勞以職事, 異恩至此, 非臣敢當。然苟如教旨, 則弘化重職, 宜先許免。臣茲用伏地祈祝, 日俟恩命之下。伏乞聖慈曲垂矜諒, 竝與崇品一資, 特從所願, 還收成命, 於臣榮幸, 糜粉何酬?

臣復有私義極不安者, 去三月初, 天使回程後, 頒賜諸臣段香等物。茲乃聖朝祗奉皇恩, 嘉與同朝[80]共之, 一以普大慶之及, 一以酬百僚之勞, 而小臣亦誤忝賜例。臣未拜贊成之命, 稱官賜物, 固難祗受。又身伏遠外, 天使來還, 一無勞效, 欲以何名何義, 敢同諸臣, 得受賜物? 前下段子一匹、香二封, 謹請回納天府, 乞賜俞允, 以安微臣區區分義之守, 不勝幸甚。煩□[81]惶恐, 久乃陳請死罪。辭緣, 并以詮次以善啓云云。[82]

【戊辰五月九日】", "'{一}'去"라고 하였다. 定草本에는 〈辭免右贊成乞回納段香狀【戊辰五月九日】〉로 되어 있다.

80 朝 : 初本에는 "僚"로 되어 있다.
81 煩□ : 두주에 "'煩'下缺字, 疑'瀆'字."라고 하였다. 樊本에도 同一한 두주가 있다. 初本·中本에는 "煩恐"으로 되어 있다. 中本의 부전지에 "'恐'疑'瀆'."이라고 하였다. 定草本의 부전지에 "'煩'下闕一字."라고 하였다. 擬校에 "'{煩}'下缺字, 疑'瀆'字.【㫌、鶴、柏校】"라고 하였고, 養校에 "'煩'下闕'瀆'.【㫌、鶴、柏校】"라고 하였다. 〔今按〕

KNW049(辭狀啓辭-28)(癸卷8:31右)(樊卷8:31右)
乞改正崇品幷回納賜物狀一【五月十九日】[83]

臣伏睹右承旨書狀, 諭以"贊成之職, 臣所力辭, 俯從微懇, 特命遞改, 仍以知經筵促召"事有旨。臣鄙淺無狀, 誤蒙聖眷, 至於此極, 天地生成之恩, 何以圖報？臣卽當疾速趨赴, 適因私故, 宿病增劇, 心熱方苦, 當此炎酷, 觸冒上途, 如以火就火, 極爲憫迫。欲望少展日期, 俟心熱稍減, 扶曳前進, 庶幾免死炎程, 得進闕下, 以謝恩命計料。第螻蟻素忱, 一品濫秩, 終無冒受之理, 冀得一幷改正。頃緣此事及乞回納賜物等因, 復上一狀, 敢瀆宸嚴。伏禱聖慈益弘德意, 幷許改正收納, 以訖洪造。臣不勝區區切祝危幸之至。右辭緣, 詮次以善啓云云。[84]

厓는 西厓 柳成龍, 鶴은 鶴峯 金誠一, 栢은 栢巖 金玏을 가리킨다.
82 云云 : 初本에는〈向教是事【此狀入啓, 許辭段香, 而其餘不許。】〉로 되어 있고, 中本에는 "向教是事"로 되어 있다.
83 戊辰年(宣祖1, 1568년, 68세) 5월 19일 禮安에서 쓴 것이다. 初本에는〈辭崇品知經筵召命書狀【五月十九日】〉로 되어 있다. 中本에는〈乞改正濫秩幷回納賜物書狀【戊辰五月十九日】〉로 되어 있는데 "書"에 산거 표시가 있다. 부전지에 "乞改正濫秩幷回納賜物啓狀"이라고 하였는데 "啓"에 산거 표시가 있다. 定草本에는〈乞改正崇品幷回納賜物狀一【戊辰五月十九日】〉로 되어 있다.
84 云云 : 初本·中本에는 "向教是事"로 되어 있다.

KNW050〔辭狀啓辭-29〕〔癸卷8:32右〕〔樊卷8:32右〕

乞改正崇品狀二【七月四日】[85]

煩瀆惶恐。臣以乞辭濫陞之故，稽延召命，奄過半歲，罪死罔赦。

頃者，幸蒙聖慈因臣僚啓請，命遞贊成之職，實是還除本品之端。眷念至此，臣不勝感激，卽具狀陳懇，幷將崇品一體欲乞改正，降居本品閑地上請去訖，臣强扶殘喘，擬進謝恩，觸熱加病，艱到半程爲白有置。中間伏睹除目，仍以陞品判中樞府事除授。臣頓失幸望之意，猶以所上書狀入啓後，從願降授爲白乎去妄料次，及至書狀入啓，尙未蒙允。臣情事乖張，進退失據，憂窘憫迫，靡所措躬。

若以臣之無狀，可堪陞擢之寵，春初聞命，卽時赴謝供職。何故干冒雷霆，捨命苦辭，以至淹久乎？今幸廷紳白蟻憫之所憫，聖恩示鴻私以可許，乃復中輟不終，依前濫授[86]，則臣前後狀疏力陳不敢冒受之說，一皆落虛，而臣之一身，終不免爲欺

---

85 戊辰年(宣祖1, 1568년, 68세) 7월 4일 聞慶에서 쓴 것이다. 初本에는 〈辭免判中樞府事【到忠州。】〉로 되어 있는데 "到"에 산거 표시가 있다. 中本에는 〈乞改正崇品書狀一【戊辰七月四日】〉로 되어 있는데 "書"에 산거 표시가 있다. 定草本에는 〈乞改正崇品狀二【戊辰七月四日】〉로 되어 있다.

86 授 : 初本·中本에는 "陞"으로 되어 있다. 中本의 추기에 "'陞', 譜本及禹本作'授'."라고 하였고, 부전지에 "'{授}'字恐爲{是}."라고 하였다. 〔今按〕譜本은《退溪先生年譜》本草에 收錄된 것을 가리키는 것으로 보이지만, 현행《退溪先生年譜》에는 收錄되어 있지 않다. 禹本은 아래 初本 부전지로 언급한 "禹景善珠字" 혹은 "珠冊"을 가리키는 것으로 보인다. 이는 初本을 編成할 때 禹性傳이 納本한 것으로 추정된다. 역시 현재 남아 있지 않다.

天誣世之人, 負竊位冒寵之罪, 將何顏面, 廁入朝列乎?

伏願聖上洞鑑微衷, 俯察守分之忱。自天所命, 自天還收, 如轉戶樞, 何難之有? 況玆免濫還本, 因[87]臣[88]誠願, 非有貶奪, 何所妨礙? 臣有衷曲[89], 得天[90]從欲, 於臣[91]榮寵, 無與爲[92]比。臣無任懇切禱祝之至, 辭緣詮次云云。[93]

KNW051(辭狀啓辭-30)(癸卷8:33右)(樊卷8:33右)
乞改正崇品狀三【七月十三日】[94]

本月初十日, 所下同副承旨書狀內, 不許臣辭免判中樞及乞改正崇品事聖旨, 臣於十三日, 在忠州祗受爲白有置。

臣自上途後, 腹疾勞熱間發, 觸冒炎熱, 艱難保喘, 行未趁速叱分不喩。帶行孫息, 得疾幾死, 中路棄置, 不得救活, 率行爲要, 滯驛貽弊, 顯犯邦憲, 惶恐待罪爲白乎彌。

87 因 : 初本에는 없다.
88 臣 : 初本에는 뒤에 "所"가 있다.
89 非有……衷曲 : 初本에는 없다.
90 天 : 初本에는 뒤에 "俯"가 있다.
91 欲於臣 : 初本에는 없다.
92 與爲 : 初本에는 없다.
93 云云 : 初本에는 "以善啓向敎是事"로 되어 있다. 부전지에 "{此下}脫一辭狀, {錄}在禹景善珠字."라고 하였다.
94 戊辰年(宣祖1, 1568년, 68세) 7월 13일 忠州에서 쓴 것이다. 中本에는 〈乞改正崇品書狀二{戊辰}〉으로 되어 있는데 "書"에 산거 표시가 있다. 추기에 "見珠字, 此題更考."라고 하였다. 定草本에는 〈乞改正崇品狀三{戊辰七月十三日}〉로 되어 있다.

臣從前欺世取寵之罪, 今年尤甚, 庶幾因辭得免, 而誠未上格, 又未蒙允, 更欲陳乞, 恐徒增罪戾。然螻蟻微悃, 上天不阻, 玆又不避鈇鉞, 復有控訴。

臣伏以班序品秩, 資憲崇政之間, 亦有一階, 至爲顯重。近有邊將, 率兵采入, 勦除賊巢, 不爲無功, 朝命賞以此階, 臺諫猶以過重論執。臣前無寸勞, 後亡毫報, 身伏窮山, 不知用何義例, 乃超越此階, 陞[95]至一品乎？此古今天下絶無之事, 而臣不幸逢著。臣所以仰愧俯慄, 如芒刺在身, 欲逃無所, 欲免無路, 稽命干威, 顚沛窘束。今次上來, 正爲中間有蒙恩降授之端, 故感激趨謝。不謂因仍苟且[96], 一進一退, 兩失措躬, 至於如此, 臣僭率罪死。

竊伏惟念聖意得無以旣加恩命, 徒然收取, 還授本階爲難？然崇政一秩, 臣尙未拜受, 非旣加還收之比。今若只以資憲上一階授之, 置之閑散, 此非自崇政降授, 乃自資憲陞秩。聖朝旣足示誤奬之意, 微臣亦小遂辭濫之願。以賞功猶惜之重階, 加無功冒進之微臣, 榮幸無比, 寵渥曷踰？臣固知此階之重, 於臣亦濫。第緣旣誤聖眷下辱之勤, 不如是, 無以奉承。玆敢妄昧煩達, 伏願聖鑑矜憫愚誠, 渙發德音, 從願改陞[97]。庶微臣免竊位冒進之罪, 盛朝無隳紊爵典之失, 豈非兩全？臣無任兢

---

95 陞 : 上本에는 "陛"로 되어 있다.

96 且 : 樊本에는 "□"로 되어 있다.

97 陞 : 中本의 부전지에 "'陞'可疑。"라고 하였다. 甲本의 두주에 "'陞'恐誤。"라고 하였고, 擬校에 "'{陞}'可疑。【崖校】"라고 하였고, 養校에 "西崖校。"라고 하였다. 〔今按〕養校는 甲本의 두주 내용이 西崖의 교정 의견이라는 것이다.

戰切祝之至云云。

KNW052(辭狀啓辭-31)(癸卷8:34左)(樊卷8:34左)
判中樞府事謝恩後啓【七月二十四日】[98]

小[99]臣愚惑執迷, 但知非分之職不敢冒進, 其於急趨君命之義, 反有不遑。自前年十月後, 召命荐沓, 至九至十, 尙復稽延, 今始來謝, 在法罔赦。臣不勝惶恐待罪。

KNW053(辭狀啓辭-32)(癸卷8:35右)(樊卷8:35右)
再啓【同日】[100]

煩瀆至爲惶恐。臣罪當死滅, 聖恩寬赦, 全生赴闕, 瞻仰日月之光, 感激銜戢, 徒思糜粉。第臣老病垂死之日, 身伏田野, 欺世取寵, 至于卿列, 已極饕濫, 猶爲不足, 復叨誤恩, 擢至崇

---

98 戊辰年(宣祖1, 1568년, 68세) 7월 24일 서울에서 쓴 것으로 추정된다. 初本에는 〈判府事肅拜時單子【七月二十四日】〉로 되어 있다. 中本에는 〈判中樞府事謝恩後啓狀一〉로 되어 있으며, 부전지에 "戊辰七月二十四日", "狀字削"이라고 하였다. 定本에는 〈判中樞府事謝恩後啓【戊辰七月二十四日】〉로 되어 있다.

99 小 : 初本에는 앞에 "啓曰"이 있다.

100 戊辰年(宣祖1, 1568년, 68세) 7월 24일 서울에서 쓴 것으로 추정된다. 初本에는 〈再呈〉으로 되어 있다. 中本에는 〈判中樞府事謝恩辭免啓狀〉으로 되어 있으며, 부전지에 "再啓【去此題】"라고 하였고, 주묵 부전지에 "再啓"라고 하였고, 추기에 "同日", "本傳本亦作再呈", "再啓云云爲是。"라고 하였다.

品, 臣之無狀甚矣。且本品¹⁰¹則辭去, 陞品則冒來, 以退而賭名, 復進而享利, 情迹猥賤, 名節掃地。

臣前後疏狀, 極陳其非, 今若還自蹈之, 遂成終身之惡, 無所逃於天地之間。臣雖無識, 羞恥之心, 不容盡喪, 豈敢諉以君命, 昧受竊據, 以忝辱清班, 汚壞士風乎？

臣負罪懷慚, 難於立朝, 正在於此。伏乞矜軫卑懇, 特命改正崇品, 還收準職除命, 庶幾小臣得遂區區分義之守, 聖朝亦無顚紊爵賞之失, 不勝幸甚。

KNW054(辭狀啓辭-33)(癸卷8:35左)(樊卷8:35左)
弘文館提學謝恩後辭免啓【八月五日】¹⁰²

文¹⁰³翰重任, 非老病昏廢之人所可冒據。前於丙寅年, 明宗大王以小臣爲大提學, 而臣以老病不得堪任辭遞。今者又差提學, 提學之任, 雖與大提學, 小大輕重, 甚相懸絶, 而老病不得堪任則同。

臣之老病昏廢, 又甚於前日, 請遞提學, 擇授可堪之人。且

---

101 品 : 上本에는 "職"으로 되어 있다.
102 戊辰年(宣祖1, 1568년, 68세) 8월 5일 서울에서 쓴 것으로 추정된다. 初本에는 〈提學肅拜後辭免【八月初五日】〉으로 되어 있으며 "提" 앞의 주묵 추기에 "弘文館"이 있다. 中本에는 〈弘文館提學謝恩後辭免啓狀〉으로 되어 있으며, 부전지에 "戊辰八月五日", "狀字削", "見珠冊□與本草年譜, 多有異同, 今依政院日記書."라고 하였다. 定本에는 〈弘文館提學謝恩後辭免啓【戊辰八月五日】〉로 되어 있다.
103 文 : 中本에는 앞에 "云云"이 있는데, 부전지로 산거가 있다.

以小臣竝入晝夕講事傳敎矣。小臣別無異事, 而更爲常規外之事, 惶恐敢辭[104]。

KNW055(辭狀啓辭-34)(癸卷8:36右)(樊卷8:36右)
判中樞府事兼大提學病告乞免狀一【八月八日】[105]

臣心氣之疾, 因事得發, 挾以燥熱, 徧身熏炎, 眩瞀忪忪, 念欲裁損, 轉益加發叱分[106]不喩, 每年冬寒, 痰喘爲本, 百病隨發, 屢瀕死域爲白如乎, 節偶感凉冷, 痰證遽發, 暴嗽稠唾, 他病乘間, 往復多端, 從仕不得, 至爲惶恐。臣矣職乙良, 本差爲白乎矣, 又於本月初三日, 弘文館提學兼差。臣以老病昏廢, 堪當不得, 方切辭避之際, 至初六日, 因大提學朴淳猥謬推讓, 乃以文衡之任, 轉加臣身, 臣不勝驚惶窘迫, 罔攸措躬。

　臣駑材下質, 加此重病, 廢書不讀, 三四十年, 舊茫新昧,

---

104 文翰……敢辭 : 初本에는 "啓曰, 文翰之任, 非老衰之人可合也。明宗朝丙寅年間 小臣爲主文之任, 而反覆陳達, 蒙遞矣。雖提學與大提學懸絶, 小臣所不可堪請遞, 且 經筵與晝夕講參事傳敎而小臣與他人別無有益之事, 又不當規外之事, 尤爲未安, 故敢啓。"로 되어 있다.

105 戊辰年(宣祖1, 1568년, 68세) 8월 8일 서울에서 쓴 것으로 추정된다. 初本에는 〈大提學辭免【八月初八日】〉으로 되어 있으며, "免" 옆의 추기에 "第"가 있다. 中本에는 〈辭免大提學啓狀一〉로 되어 있으며, 부전지에 "病告乞免大提學狀, 下同"이라고 하였고, 주묵 부전지에 "大提學病告乞免"이라고 하였으며, 추기에 "狀一"가 있고, 부전지에 "戊辰八月八日"이라고 하였다. 定本에는 〈判中樞府事兼大提學病告乞免狀一【戊辰八月八日】〉로 되어 있다.

106 叱分 : 初本·中本에는 "分叱"로 되어 있다.

頓無記念, 手生思涸, 尤艱制作。往在先王[107]朝, 嘗被此職之命, 臣具由控辭, 至於再三, 卽時蒙恩得免, 今已三年, 老病昏塞, 日以益甚。不意誤膺重命, 非所堪任, 決無冒受之義。況彌如此至重至選之任, 旣得其人而授之, 安可以一時爵秩高下之故而輕易改換乎? 微臣至懇, 伏乞將臣誤加崇政, 依願改正, 而授以本品資憲, 則提學之任, 雖有未安, 臣亦不敢固辭。

伏願聖鑑曲加矜察, 早賜允許, 庶幾愚病微臣得守其分爲白乎去望良白去乎。詮次以善啓云云[108]。[109]

KNW056(辭狀啓辭-35)(癸卷8:37右)(樊卷8:37右)
判中樞府事兼大提學病告乞免狀二【八月十二日】[110]

臣[111]矣段節身病辭職, 蒙恩受由爲白良置, 數日調理, 未見差息, 叨處濫職, 不得仕進, 尤深惶恐。臣矣職乙良, 本差爲白乎矣。文衡之任, 至爲重大, 掌國辭命, 事大交隣, 撰述功德, 一應制作潤色等事, 無不委責。小臣老昏殘疾, 精神筋力, 十分

---

107 先王 : 中本의 부전지에 "先王,《政院日記》作明宗。"이라고 하였다.
108 云云 : 中本에는 "向敎是事"로 되어 있다.
109 詮次以善啓云云 : 初本에는 "詮次以善啓向敎是事"로 되어 있다.
110 戊辰年(宣祖1, 1568년, 68세) 8월 12일 서울에서 쓴 것으로 추정된다. 初本에는 〈又第二【八月十二日】〉로 되어 있고, "又"에 산거 표시가 있다. 中本에는 〈辭免大提學啓狀二〉으로 되어 있으며, 주묵 부전지에 "大提學病告乞免"이라고 하였다. 추기에 "狀二【戊辰八月十二日】"이라고 하였다. 定本에는 〈判中樞府事兼大提學病告乞免狀二【戊辰八月十二日】〉로 되어 있다.
111 臣 : 初本에는 앞에 "啓曰"이 있다.

削剝, 耐勞忍辛, 作爲文章, 雖在常時, 決不能堪任。況彌先朝實錄修撰, 今當開局, 總裁之下, 論定取決, 專是主文之任。

臣每當冬月, 痰喘寒疾, 動至危劇, 在前冬春四五朔間, 閉門不出, 從仕不得。今雖妄受恩命, 不多時日, 以廢仕曠職, 不得已[112]還遞之勢。朴淳段彊年俊業, 應選辦職, 未有玷缺, 允協衆望。一朝, 徒以臣濫職厠上之故, 容易換差。於淳旣非重待文任之意, 妄受還免, 於臣又增越分妨賢之罪叱分不喩, 其在聖朝擧措, 亦甚顚倒。

右件曲折, 洞加鑑察, 亟令還收換差之命, 仍前授任臣淳, 庶幾朝無闕事, 臣各得宜爲白乎去望良白[113]去乎[114]。詮次以善啓云云[115]。

KNW057(辭狀啓辭-36)(癸卷8:38右)(樊卷8:38右)

判中樞府事兼大提學病告乞免狀三【八月十五日】[116]

臣[117]矣段心熱痰涎, 同時得發, 再度[118]受由調理爲白良置, 差

---

112 得已 : 中本의 추기에 "得已下, 疑有缺字"라고 하였으며, 부전지에 "得已下, 疑有缺字"라고 하였다.
113 白 : 中本에는 없다.
114 望良白去乎 : 初本에는 없다.
115 云云 : 初本·中本에는 "向敎是事"로 되어 있다.
116 戊辰年(宣祖1, 1568년, 68세) 8월 15일 서울에서 쓴 것으로 추정된다. 初本에는 〈又第三【八月十五日】〉로 되어 있고, "又"에 산거 표시가 있다. 中本에는 〈辭免大提學啓狀三〉으로 되어 있으며, 주묵 부전지에 "大提學病告乞免"으로 되어 있고, 추기에 "啓狀三[戊辰八月十五日]"로 되어 있는데, "狀"에 산거 표시가 있다. 定本에는 〈判中

復不得, 曠日廢仕, 惶恐無地。臣矣職乙良, 本差爲白乎矣, 今
方冬至使文書磨勘, 實錄廳開設時, 文衡之任, 不可一日闕員。
臣本老耗昏廢, 節加病如此, 不能堪任, 衆所共知叱分不喩,
冬月將近, 四五朔至, 寒疾不仕爲白[119]去等, 莫重之任, 明知
不行, 豈宜冒就? 非但微臣不敢承當, 物情皆以爲未便。臣矣
所兼大提學, 并以還收換命, 仍授前員爲白只爲云云[120]。

KNW058(辭狀啓辭-37)(癸卷8:38左)(樊卷8:38左)
大提學謝恩後辭免啓一【八月二十三日】[121]

臣[122]不勝文任, 憫迫之情, 曾已盡達, 不敢煩復枚擧。其中心疾

樞府事兼大提學病告乞免狀三【戊辰八月十五日】〉으로 되어 있다.
117 臣 : 初本의 추기에 "云云"이 있다. 中本의 앞에 "云云"이 있고, 부전지에 "'云云'
當削"이라고 하였다.
118 度 : 中本은 뒤에 "爲"로 되어 있으며, 추기에 "爲恐衍"으로 되어 있고, 부전지에
"□本亦有爲字□衍, 無疑, 上同。"이라고 하였다. 定本의 뒤에 "爲"로 되어 있고, 부전
지에 "爲恐衍"이라고 하였다.
119 白 : 初本에는 없다.
120 云云 : 初本에는 없다.
121 戊辰年(宣祖1, 1568년, 68세) 8월 23일 서울에서 쓴 것으로 추정된다. 初本에는
〈又第五【八月二十三日謝恩肅拜】〉로 되어 있으며, 又에 산거 표시하였다. 中本에는
〈辭免大提學啓狀五〉로 되어 있으며, 부전지에 "狀五去之", "大提學謝恩後辭免啓"로
되어 있고, 주묵 부전지에 "一"로 되어 있고, 추기에 "戊辰八月二十三日"로 되어 있고,
주묵 부전지에 "本草傳本則皆云'小箚'。云'啓辭'則何如。"라고 하였으며, 추기에 "啓"로
되어 있다. 定本에는 〈大提學謝恩後辭免啓一【戊辰八月二十三日】〉로 되어 있다.
122 臣 : 初本의 추기에 "云云"으로 되어 있다. 中本에는 앞에 "云云"이 있고, 산거
표시하였다.

最重, 三十年前, 居喪氣虛, 此證緊發, 幾至喪心。其後雖得僅蘇, 病根深痼, 少失調護, 動輒復發。當此老衰, 忽遭重責, 如山壓頭, 若崩厥角, 此心戰掉, 無頃刻少安, 而實是心病所致, 日夕憂惴困迫, 抑而行之, 勢將難救。敢更冒陳, 伏望早賜允許大提學改差。

KNW059(辭狀啓辭-38)(癸卷8:39右)(樊卷8:39右)
再啓【同日】[123]

文[124]人才分, 亦各不同, 有館閣絲綸之文, 有草野寒苦之文。臣本無文才, 雖於雕篆之末, 或略窺一斑, 只是草野寒苦之習, 何用於館閣絲綸之文乎？況於表箋儷偶之文, 懵不知體制如何。古人云："知之不豫, 枉其才而用之, 是棄人也。" 又云："人各有能不能, 上之使下, 其所不能, 不使強爲, 故下不得罪於上。"

今臣授此任, 枉才棄人, 臣不敢言以不知不能, 而強當其責, 得罪曠職, 羞及朝廷, 勢所必至。至是而後, 雖復治臣之罪而改之, 悔亦無及。故臣之危懇請辭, 豈獨爲私憫而已？伏乞亟賜施行大提學改差。

---

123 戊辰年(宣祖1, 1568년, 68세) 8월 23일 서울에서 쓴 것으로 추정된다. 初本에는 〈右第六【同日】〉로 되어 있으며, "又"에 산거 표시하였다. 中本에는 〈辭免大提學啓狀六〉으로 되어 있고, 부전지에 "再啓【同日】"로 되어 있다.
124 文 : 初本의 추기에 "云云"이 있다. 中本은 앞에 "云云"이 있고, 부전지에 "'云云' 削。"이라고 하였다.

KNW060(辭狀啓辭-39)(癸卷8:39左)(樊卷8:39左)

三啓【同日】[125]

臣[126]於文衡重任, 以年齒, 以疾病, 以才分, 皆所不堪。況冬寒臨迫, 實錄廳所任, 亦所不堪。當初收議時, 大臣泛論云云, 今則物論皆以爲不堪, 大臣豈不聞知? 伏望再賜咨處, 庶使重任早有歸定, 不勝幸甚。

KNW061(辭狀啓辭-40)(癸卷8:40右)(樊卷8:40右)

四啓【八月二十四日】[127]

昨[128]日傳敎:"心疾調理, 自然平安。"臣不勝惶悶[129]。大抵心疾調理, 最爲難事, 十年保養, 僅得粗安, 一日復發, 前功盡棄, 一有觸著, 動撓熏灼, 欲以靜攝, 愈攝愈甚。況文衡之任, 百責所萃, 何以能堪?

　　韓愈云:"抑而行之, 必發狂疾。"云云, 韓愈以方年盛氣,

---

125 戊辰年(宣祖1, 1568년, 68세) 8월 23일 서울에서 쓴 것으로 추정된다. 初本에는 〈又第七【同日】〉로 되어 있으며, "又"에 산거 표시하였다. 中本에는 〈辭免大提學啓狀七〉 부전지에 "三啓【同日】"로 되어 있다.

126 臣: 初本의 추기에 "云云"이 있다. 中本에는 앞에 "云云"이 있고, 산거 표시하였다.

127 戊辰年(宣祖1, 1568년, 68세) 8월 24일 서울에서 쓴 것으로 추정된다. 初本에는 〈又第八【二十四日詣闕】〉로 되어 있고, "又"에 산거 표시하였다. 中本에는 〈辭免大提學啓狀八〉로 되어 있고, 부전지에 "四啓【戊辰八月二十四日】"로 되어 있다.

128 昨: 初本에는 앞에 "啓曰"이 있다. 中本에는 앞에 "云云"이 있고, 산거 표시하였다.

129 悶: 初本에 "恐"으로 되어 있다.

猶有此憂。如臣七十瀕死之年, 絲綿殘喘, 心疾重發, 强抑煎焦, 不知厥終何如。以此憂悶罔措, 伏望大提學亟命改差。

KNW062(辭狀啓辭-41)(癸卷8:40左)(樊卷8:40左)

五啓【同日】[130]

累[131]啓惶恐。雖本能文之人, 至於年老氣衰, 則所作詩文, 如以禿筆寫字, 頓無鋒穎, 鈍刀雕器, 不成形制, 此乃古今之通患。小臣自少不文, 加以病不讀書, 今已近死之年, 豈能作爲文章, 當此莫大之任乎? 反覆籌度, 決不能堪, 請亟命改差。

KNW063(辭狀啓辭-42)(癸卷8:41右)(樊卷8:41右)

六啓【同日】[132]

如今物論皆以爲臣不堪大提學之任, 人人豈有私情於臣而欲

---

130 戊辰年(宣祖1, 1568년, 68세) 8월 24일 서울에서 쓴 것으로 추정된다. 初本에는 〈又第九【同日】〉로 되어 있고, "又"에 산거 표시하였다. 中本에는 〈辭免大提學啓狀九〉로 되어 있고, 부전지에 "五啓【同日】"로 되어 있다.

131 累 : 初本의 추기에 "云云"이 있다. 中本에는 앞에 "云云"이 있고, 부전지에 "云云 削"이라 하였다.

132 戊辰年(宣祖1, 1568년, 68세) 8월 24일 서울에서 쓴 것으로 추정된다. 初本에는 〈又第十【同日】〉으로 되어 있고, "又"에 산거 표시하였다. 中本에는 〈辭免大提學啓狀十〉으로 되어 있고, 부전지에 "六啓【同日】"로 되어 있다.

其任便乎？臣老病昏廢，筋力精神，決不能堪，人皆知之，故其言不約而同也。今不恤衆論，輕授重任於不堪之人，其如敗事辱國何？

　　聖敎每以爲重任不可輕改，臣雖謝恩，前後連辭，尙未受命，卽是本員仍任，實非改命，有何難乎？請[133]亟賜兪允，以定文任之重。[134]

KNW064(辭狀啓辭-43)(癸卷8:41左)(樊卷8:41左)
吏曹判書病告乞免狀一【己巳正月六日】[135]

臣矣段前月肅拜後，數日出仕，寒疾復發，元氣虛損，心熱轉劇，寢驚夢愕，頻頻客忤，痰壅膈痞，面發浮氣，種種危證，怯寒愈甚。伏俟邦憲次，不意濫蒙恩命，吏判除授，非但身病深重趁時出仕不得，臣往時未經本曹郎官，一應銓法朝章，全然未嘗諳鍊[136]，近年長在遠外鄕村，一時人才物論，瞢然不知東

---

133 請 : 初本에는 없다.
134 文任之重 : 初本의 부전지에 "此下脫一辭狀, 錄在禹景善珠字。"라고 하였고, 부전지에 "□二日再度"라고 하였다.
135 己巳年(宣祖2, 1569년, 69세) 1월 6일 서울에서 쓴 것으로 추정된다. 草本類에는 발신일이 "六日"로 되어 있으나 庚本이하 목판본에서는 "八日"로 되어 있다. 오류 사항이 癸本에 이르러 수정된 것으로 판단할 수 있다. 初本에는 〈吏曹判書辭免狀一【己巳正月初六日】〉로 되어 있다. 中本에는 〈辭免吏曹判書啓狀一【己巳】〉로 되어 있고, 부전지에 "吏曹判書病告乞免狀", "吏曹判書病告乞免狀一【己巳正月六日】"로 되어 있다. 庚本·擬本·甲本에는 〈吏曹判書病告乞免狀一【己巳正月八日】〉로 되어 있다.
136 鍊 : 初本·中本·定本에는 "練"으로 되어 있다.

西。莫大重任, 如臣庸謬, 加此老昏沈痼, 豈敢忝竊曠廢, 以累聖治? 臣不勝惶恐窘迫, 無地自容。臣矣職乙良, 兼帶經筵·春秋, 并以本差。

KNW065〈辭狀啓辭-44〉〈癸卷8:42右〉〈樊卷8:42右〉

吏曹判書病告乞免狀二【正月十一日】[137]

臣[138]矣身病段, 偶然得發例不喩, 歲月積久, 節因寒加發, 日益深痼, 差息出仕, 指期爲難爲白乎彌[139], 老衰昏眩, 心疾健忘, 今不記昨, 夕已忘朝, 白黑涇渭, 茫昧不分爲白去等, 一國許多人物官序, 將何以銓量低昂, 注措得宜, 以弘神盛治之萬一?

　非但臣心自不敢當, 朝論巷議皆以爲不能堪任。經筵、史局段置, 久廢隨參, 臣不勝憂惶憫迫之極。臣矣新除吏判職乙良, 兼帶經筵、春秋館, 并以本差云云[140]。

---

137 己巳年(宣祖2, 1569년, 69세) 1월 11일 서울에서 쓴 것으로 추정된다. 初本에는 〈又【正月十一日】〉로 되어 있고, "又"에 산거 표시하였다. 주묵 추기에 "三辭"라고 하였다. 中本에는 〈辭免吏曹判書啓狀二【己巳正月十一日】〉로 되어 있고, 부전지에 "吏曹判書病告乞免狀"로 되어 있다. 定本에는 〈吏曹判書病告乞免狀二【己巳正月】〉로 되어 있다. 庚本에는 〈吏曹判書病告乞免狀二【正月】〉로 되어 있다. 擬本에는 〈吏曹判書病告乞免狀二【正月】〉로 되어 있고, 부전지에 "正月下本有'十一日'三字."라고 하였다. 甲本에는 〈吏曹判書病告乞免狀二正月【□一日】〉로 되어 있다.

138 臣 : 初本의 추기에 "云云"이 있다. 中本에는 앞에 "云云"이 있고, 산거 표시하였다.

139 彌 : 初本에는 "旀"로 되어 있다.

KNW066(辭狀啓辭-45)(癸卷8:42左)(樊卷8:42左)

吏曹判書病告乞免狀三【正月十四日】[141]

臣[142]矣段從前每職辭避, 負罪惶恐。二品除職, 臣所素願, 臣若可堪其任, 何敢僞辭, 以自重其罪？只緣臣性本愚劣, 不通世務, 老病昏眩, 臨事茫昧, 不知所措。如當事任, 必見狼狽, 負國陷身。故前日貳相, 文衡等職, 皆不敢當, 幸旣蒙恩許免。況此天官之職, 掌國大政, 銓序人物, 至重之任, 今若不辭冒處, 至於用捨顚倒, 朝政日非, 病國害治, 然後從而受罪, 臣雖萬死, 何益於事？當初朝論, 非不知臣不堪, 但以循例姑試充擬, 以致誤降恩命。

　　臣豈敢知非妄受, 自干邦憲？臣不勝憂迫之至。臣矣見除吏職乙良, 兼帶經筵·春秋館, 幷以本差, 畀之散地, 庶得少安愚分爲白只爲云云。

140　云云 : 初本에는 없다.
141　己巳年(宣祖2, 1569년, 69세) 1월 14일 서울에서 쓴 것으로 추정된다. 初本에 "正月初八"이라 한 것은 오류로 보인다. 初本에는 〈吏曹判書辭免【正月初八】〉으로 되어 있고, "吏曹判書辭免"에 산거 표시하였고, 주묵 추기에 "再拜"가 있다. 中本에는 〈辭免吏曹判書啓狀三〉으로 되어 있고, 부전지에 "吏曹判書病告乞免狀三【己巳正月十四日】"로 되어 있다. 定本에는 〈吏曹判書病告乞免狀三【己巳正月十四日】〉로 되어 있다.
142　臣 : 初本의 추기에 "云云"이 있다. 中本에는 앞에 "云云"이 있고, 산거 부전지가 있다.

KNW067(辭狀啓辭-46)(癸卷8:43右)(樊卷8:43右)

判中樞府事謝恩後辭免啓【正月二十日】[143]

臣老病竊位, 長負罪過, 近日則負罪之中, 又重得罪。臣自去年, 濫陞崇班, 雖辭避[144]不得, 苟充[145]其位, 降授次品之職, 每每懇乞, 至於近日, 得授次品, 則又以不堪其任, 不得已[146]辭不敢受。小臣病廢衰朽[147], 無處合用, 進退失據, 無狀已甚, 數罪降黜, 分所宜當。

不意寬典非惟不罪, 乃反陞授前職, 與臣前後辭受情願, 大相乖戾, 臣不勝憋懼踧踖之至。前日所願, 則今反辭避, 今所復授, 則前所苦辭, 臣若冒處, 物論[148]必不容臣。伏乞聖慈俯鑑危悰, 亟命鐫罷臣職, 庶使微臣免罪安分, 亦使盛世士大夫廉恥之風, 不至於因臣壞滅, 不勝幸甚[149]。

---

143 己巳年(宣祖2, 1569년, 69세) 1월 20일 서울에서 쓴 것으로 추정된다. 初本에는 〈遞吏判復判付辭免〉으로 되어 있다. 中本에는 〈判中樞府事謝恩後辭免啓狀〉으로 되어 있고, 부전지에 "狀字削"라고 하였고, 주묵 부전지에 "啓"로 되어 있으며, 추기에 "己巳正月二十日"라고 하였다.

144 避 : 初本에는 없다.

145 充 : 初本에는 "處"로 되어 있다.

146 不得已 : 初本에는 없다.

147 衰朽 : 中本의 부전지에 "《譜》作衰朽棄材."라고 하였다.

148 論 : 上本에는 "議"로 되어 있다.

149 亦使……幸甚 : 初本에는 "云云"으로 되어 있다.

KNW068(辭狀啓辭-47)(癸卷8:44右)(樊卷8:44右)

乞致仕狀【四月四日】[150]

臣自二月晦前, 謹詣伏闕門外, 請乞致仕賜骸骨歸田里, 連上四箚, 尙閟兪音。及至三月初四日, 猥被引見, 仍復披肝瀝血, 罄陳危懇, 乃蒙允許, 拜辭而退。玆蓋實由天鑑昭臨, 於臣老病情悃, 矜軫有素。所以面陳之日, 重有惻於淵衷, 特賜恩命, 如是殊優, 至如小臣從前竊位負國之罪, 皆置不問, 俾臣得以洒笞脫愆, 歸遂畢義之願。盛德洪造, 與天無極。加以私歸驛送, 寵渥敻越, 椒袒[151]米豆, 錫賚便蕃, 在臣涯分, 尤不堪當。旣難辭避, 無路報效, 徒增惶懼感激之至。

竊伏惟念臣旣蒙恩退閒, 微賤姓名尙厠班簿, 身在田野, 職叨王官, 揆之義例, 極爲乖舛。又況講官至重, 史館[152]至嚴, 遠外瀕死之臣, 何敢仍帶, 以慢壞朝廷設官嚴重之體? 伏乞聖慈曲賜諒察, 渙發德音, 依前陳乞所援大明薛瑄不準一歲致仕例, 許臣以致仕二字, 則雖以本職在野, 不爲有嫌。如或未然, 伏請本職、兼職, 須令一倂改差, 庶幾聖朝無天職之曠, 愚臣免邦憲之罪。臣不勝祈幸覬望之懇[153]。右辭緣, 詮次以善

---

150 己巳年(宣祖2, 1569년, 69세) 4월 4일 禮安에서 쓴 것으로 추정된다. 初本에는 〈乞致仕書狀【四月日歸田後】〉으로 되어 있다. 中本에는 〈乞致仕書狀【己巳四月四日】〉으로 되어 있고 "書"에 산거 표시하였다. 定本에는 〈乞致仕狀【己巳四月四日】〉으로 되어 있다.

151 袒 : 柳校에 "案, '袒'本作'菌'。"이라고 하였다.

152 館 : 初本・上本에는 "官"으로 되어 있다.

153 懇 : 上本에는 "至"로 되어 있다.

啓云云[154]。

KNW069(辭狀啓辭-48)(癸卷8:45右)(樊卷8:45右)
辭免校書館、活人署兩司提調狀【庚午正月】[155]

臣前年三月, 得賜退歸後, 臣矣本職判中樞府事兼知經筵春秋館事等乙, 上章辭免, 仍乞致仕, 誠未上格, 未蒙允許, 惶恐煩瀆, 更不敢辭免陳乞, 奄逾一年, 臣罪至重爲白置。今臣犬馬之齒, 適滿七十乙仍于, 引年致仕, 具箋陳乞上聞, 日夜祈懇, 庶蒙恩命之下, 則臣矣本職兼職段, 自有故事叱分不喩。臣前日冒忝校書館、活人署兩司提調乙良置, 自當遞免, 不須別具辭免是白在果。小臣當初妄意卜項兩司提調乙, 臣身旣退, 銓曹應卽[156]啓遞爲白乎去錯料, 一不擧陳辭免爲白如乎節, 始得聞知迄未遞差, 以致經年闕員, 曠廢事任, 所係亦甚非輕, 臣不勝惶恐待罪。辭緣, 詮次以善啓云云[157]。

---

154 云云 : 初本・中本에는 "向敎是事"로 되어 있다.
155 庚午年(宣祖3, 1570년, 70세) 1월 24일 禮安에서 쓴 것으로 추정된다. 初本에는 〈校書館活人署兩司提調辭免書狀【庚午】〉로 되어 있다. 中本에는 〈辭免校書館活人署兩司提調啓狀【庚午】〉으로 되어 있고, 부전지에 "辭免校書館活人署兩司提調書狀【庚午】"로 되어 있으며, "書"에 산거 표시하였다.
156 應卽 : 初本에는 "卽應"으로 되어 있다.
157 云云 : 初本・中本에는 "向敎是事"로 되어 있다.

KNW070(辭狀啓辭-49)(癸卷8:45左)(樊卷8:45左)

召命祇受狀【二月二十日】[158]

今月二十日, 祇受同副承旨書狀內, "不許[159]致仕之請, 亦不遞職, 仍令乘馹上來"事有旨, 承[160]命震越, 罔攸措躬。除臣老病深重, 奔命不得, 當別具箋[161]陳乞致仕外, 謹席稿私室, 聽候誅譴[162]。辭緣, 詮次以善啓云云[163]。

KNW071(辭狀啓辭-50)(癸卷8:46右)(樊卷8:46右)

乞致仕狀【四月四日】[164]

臣於前月中, 以年至病深, 上箋乞致仕, 日望恩命之下。本月十一日, 祇受承政院書狀內, 具述"聖眷不替, 下諭諄複, 至引

---

158 庚午年(宣祖3, 1570년, 70세) 2월 20일 禮安에서 쓴 것으로 추정된다. 初本에는 〈祇受書狀【四月二十日】〉로 되어 있다. 中本에는 〈召命祇受書狀【庚午四月二十日】〉으로 되어 있고, "書"에 산거 표시하였고, "四"에 주묵 교정기에 "二"로 되어 있다. 定本에는 〈召命祇受狀【庚午二月二十日】〉으로 되어 있다.

159 許 : 初本에는 뒤에 "臣"이 있다.

160 承 : 初本에는 앞에 "臣"이 있다.

161 當別具箋 : 初本에는 "行將再具文字"로 되어 있다.

162 聽候誅譴 : 初本에는 "以俟威命之下"로 되어 있다.

163 云云 : 初本에는 "向敎是事"로 되어 있다.

164 庚午年(宣祖3, 1570년, 70세) 4월 14일 禮安에서 쓴 것으로 추정된다. 退溪가 致仕를 청하면서 召命을 사양한 서장으로, 癸本의 題下 細注에 庚午年(1570) 4월 4일 지어서 올린 것으로 되어 있으나, 아래 주석의 내용에 의거하여 4월 14일 혹은 4월 11일로 보아야 할 듯하다. 두주에 "一本, 四月下有十字"라고 하였으며, 甲本・樊

先朝不致仕典故, 不許臣致仕, 令乘馹上來"事有旨, 伏[165]讀狀辭, 驚倒隕越, 無地容措。

臣庸謬無狀, 最出群臣之下, 欺虛躐爵, 尸竊負國。臣所以冒萬死求退, 不過萬分之中少免欺天之罪, 而況旣退之後, 適丁告老[166]之年, 苟於此時, 未蒙天恩, 臣慭負聖朝之罪, 至死何逃? 且先王故典, 實謂其人進退係國家輕重之臣, 如臣進[167]忝朝列之時, 責重如丘山, 補益無絲髮, 區區梟鵩, 不足爲有無, 何係於重輕? 今若不顧前後, 旣去復來, 更爲賢路之妨, 是以迷臣之故, 致誤聖朝之擧措, 傳笑四方, 貽譏千古。臣雖欲聞命奔走, 義不可得, 累乞休致之忱, 又不容中止, 憂窘惶惕, 罔敢[168]縷陳。

伏乞聖慈矜察愚懇, 容遂微分, 收還召命, 許令臣依禮致

本에 동일한 두주가 있다. 初本에는 〈乞致仕書狀【四月十一日】〉으로 되어 있다. 中本에는 〈乞致仕書狀【四月十一日】〉으로 되어 있고 "書"에 산거 표시하였으며, "十一"의 주묵 교정기에 "四"로 되어 있다. 擬本에는 부전지에 "十一日祗受而四日乞致, 必有□□, 考四月四日□□□。"이라고 하였다. 이상 발신일에 대해 初本은 11일, 中本은 그것을 4일로 고쳤다. 현재 定本과 庚本 이래 목판본에서는 그에 따른 것으로 보인다. 하지만 癸本은 또한 甲本의 두주 기록을 그대로 가져와 14일로 되어 있는 판본도 있다고 하였다. 한편 擬本의 부전지 내용은 편지 본문에서 4월 11일에 承政院의 書狀을 祗受하였는데 4일에 乞致하는 글을 올린 것은 앞뒤가 맞지 않는다는 지적으로 이해된다. 만약 中本의 교정을 11일에서 4일이 아니라 14일로 고친 것으로 이해한다면 이 문제는 해결된다. 혹은 초본의 기록에 따라 11일로 볼 수도 있을 듯하다. 祗受한 당일에 乞致하는 글을 올리는 것은 앞의 편지의 예에서 보는 것처럼 어색하지 않다.

165 伏 : 初本에는 앞에 "臣"이 있다.
166 告老 : 初本에는 "休致"로 되어 있다.
167 如 : 上本에는 "以"로 되어 있다.
168 敢 : 初本에는 "攸"로 되어 있다.

仕, 庶幾上有先王退人以禮之美, 下得臣子事君有終之義, 不
勝危幸切祝之至。辭緣, 詮次以善啓云云[169]。

KNW072(辭狀啓辭-51)(癸卷8:47右)(樊卷8:47右)

辭免召命狀【四月二十六日】[170]

臣今月二十五日, 祗受右承旨書狀內, 不許臣乞辭, 令臣斯速
乘馹上來事有旨, 臣承命震越, 窘迫靡措。臣旣以老病不職,
蒙恩退歸, 今則七十已滿, 身病日益深, 昏愚日益增, 冒受異
寵, 忘慙復進, 以致身罹敗闕之罪, 爲聖朝羞辱, 萬無其理。
　是以嚴旨之下, 末由趨節[171], 援禮告老, 執迷[172]望恩。臣惕
厲焦煎, 心熱轉劇, 往往怳惚眩瞀, 語言錯繆, 竊恐多致妄發,
不能聲陳, 惶戰無地。右辭緣, 詮次以善啓云云[173]。

---

169 云云 : 初本・中本에는 "向敎是事"로 되어 있다.
170 庚午年(宣祖3, 1570년, 70세) 4월 26일 禮安에서 쓴 것으로 추정된다. 初本에
는 〈辭召命書狀【庚午四月二十六日】〉로 되어 있다. 中本에는 〈辭免召命書狀【庚午四
月二十六日】〉로 되어 있으며 "書"에 산거 표시하였다. 定本에는 〈辭免召命狀【庚午四
月二十六日】〉으로 되어 있다.
171 節 : 中本의 주묵 부전지에 "節字更考, 傳本亦同。"이라고 하였다.
172 執迷 : 初本에는 "猶切"로 되어 있다.
173 云云 : 初本・中本에는 "向敎是事"로 되어 있다.

KNW073(辭狀啓辭-52)(癸卷8:47左)(樊卷8:47左)

乞致仕狀【九月二十四日】[174]

臣前蒙調理上來之命, 今已五朔。老病沈痼, 日以益深, 差復無期, 未有上去之望, 惶窘罔措, 伏俟嚴譴之至。竊念微臣旣已蒙恩退歸, 年又七十, 疾病纏綿, 死亡無日, 於此之時, 未遂致仕, 更待何時而可? 且臣本職樞府, 雖云閒地, 王爵至重, 天工人代, 玆豈賤陋愚臣所可濫叨? 兼帶經筵、春秋館, 論思顧問之重, 實錄編摩之任, 微臣安得在外而久竊? 聖朝亦豈合等棄於草野? 自古及今, 未聞有如此之事, 臣心憫迫, 非出於矯飾。

臣雖以糞土之蹤、蟣蝨之微, 猶願得齒於聖世人士之末, 今乃狼狽拘束, 以至於此。身退而名在朝班, 不仕而猶據天職[175], 名實乖舛, 廉隅喪盡。負國褻天, 罪不容誅, 仰愧俯慄, 獲免無路。去春夏間, 再度上箋, 三次拜狀, 血誠籲訴, 乞賜休致, 皆未遂願。最後召旨中, 雖幸許令調理, 義所難安, 尤不敢諉此因循, 誠切危悃, 不能弭抑。玆復具箋控陳, 謹席稾私室, 伏候恩霈之下, 日夜無任祈禱[176]竭蹙之至。又如校書、活人兩司提調, 以[177]臣之故, 累歲闕員, 非但在臣之義, 負罪萬萬, 其

---

174 庚午年(宣祖3, 1570년, 70세) 9월 24일 禮安에서 쓴 것으로 추정된다. 初本에는 〈乞致仕書狀【九月】〉로 되어 있다. 中本에는 〈乞致仕書狀【庚午九月】〉로 되어 있으며, "書"에 산거 표시하였다. 定本에는 〈乞致仕狀【庚午九月二十四日】〉로 되어 있다.
175 天職 : 中本의 부전지에 "天職一作官銜。"이라고 하였다.
176 無任祈禱 : 初本에는 "祈禱無任"으로 되어 있다.
177 以 : 初本에는 "緣"으로 되어 있다.

於虧損國體, 撓壞政典, 亦甚非輕。

　伏乞聖慈矜惻愚懇, 特許依禮致仕, 前項兼職提調等, 一倂本差, 庶幾微臣未死之前, 獲免罪責, 瞑目入地, 以畢臣子之義爲白只爲。詮次以善啓云云[178]。

BIW074(辭狀啓辭-53)(樊遺外卷7:17左)
請趙光祖褒贈啓【戊辰九月○見同上。】[179]

趙光祖天禀秀出, 早有志於性理之學, 居家孝友。中廟求治如渴, 將興三代之治, 光祖亦以爲不世之遇, 與金淨、金湜、奇遵、韓忠等相與協力同心, 大有更張, 設立條法, 以《小學》爲敎人之方, 且欲擧行呂氏鄕約, 四方風動, 若久不廢, 治道不難行也。

---

178 云云 : 初本・中本에는 "向敎是事"로 되어 있다.
179 戊辰年(宣祖1, 1568년, 68세) 9월 21일 서울에서 쓴 것으로 추정된다. 이 啓辭는 《宣宗實錄》(권2:22a~23a), 《年譜》(권2:14b~15a), 〈履歷草記〉(《春塘集》 권4:18b~19a), 《經筵日記》(《眉巖集》 권15:41b~42a) 등에 의거해 볼 때, 戊辰年(1568) 9월 21일 夕講에서 아뢴 것임을 알 수 있다. 따라서 《宣祖修正實錄》(권2:10b)에서 이 계사를 戊辰年(1568) 8월에 아뢴 것으로 기록한 것은 오류이다. 이 啓辭는 中本에는 실려 있지 않다. 題下의 세주에 의거할 때, 樊本을 엮으면서 《靜菴集》(《附錄》, 권2:17b~18a. 〈又啓【九月】〉)에서 찾아서 그 遺集 外篇에 실어놓은 것임을 알 수 있다. 하지만 이 글이 수록된 경로를 살펴보면, 먼저 《宣宗實錄》(권2:22a~23a)과 《年譜》(권2:14b~15a)에 실렸던 것이 《靜菴集》에 옮겨 실리게 되고, 《靜菴集》에 실렸던 것이 다시 樊本을 엮을 때 집록되어 그 遺集 外篇에 옮겨 실리게 된 것이 분명하다. 上本에는 〈請趙光祖褒贈啓【戊辰九月○見上同】〉으로 되어 있다.

但當時年少之輩, 急於致治, 不無欲速之弊。舊臣之見擯者, 失職怏怏, 百計伺隙, 構成罔極之讒。一時士類或竄或死, 餘禍蔓延, 至今士林之間有志學行者, 惡之者輒指爲己卯之類, 人心孰不畏禍? 士風大汚, 名儒不出, 職此故也。褒贈光祖, 追罪南袞, 則是非分明也。

KNW075(書契修答-1)(癸卷8:48左)(樊卷8:48左)
禮曹答對馬島主宗盛長[180]

使來辱書, 尊體佳福, 忻慰良多。惟書中所訴十餘條, 雖足下言之懇勤, 望之急切, 俱係違碍事理, 難於啓稟。在前此等之請, 旣喩以未副之意, 不啻諄複, 顧足下不諒, 不能以義制欲, 而有分外之望, 所以復有此紛紛之云爾。往者, 貴島之於國家, 不無負犯, 而能悔過悛心, 奉琛納款, 修其職守。故大朝亦以如天之仁, 捨瑕錄善, 字小施恩, 凡所以接待濟恤之道, 無不曲盡。

爲足下計, 惟當感戴洪造, 益思報效之不暇。今乃玩恩出分, 不顧金石之約, 惟所欲是求, 强聒不舍, 期於必得, 無乃有乖於事大畏天之義乎? 賜米太[181]一百石, 非無故減之也, 當初

---

180 丁卯年(宣祖 즉위년, 1567년, 67세) 8월 1~8일 서울에서 쓴 것으로 추정된다. 初本에는 〈禮曹答對馬島主宗盛長【手錄】〉으로 되어 있다. 中本의 상란 부전지에 "見手錄,《文藁》."라고 하였다.

181 太 : 養校에 "太似豆字.【下五十二板可推。】"라고 하였다. 〔今按〕 小註에서 "下五十二板"이라 한 것은 아래 편지에서 "歲賜米豆一百石外……。"라고 한 것을 가리킨다.

許和時, 各隨其船之本例, 商議裁減, 已成歲額之數, 亦云足矣, 今不可加請也。大明商船之往來日本者, 與我境初不相[182]涉, 設或有之, 我國之關防, 固已備至, 其涉於貴境者, 貴島自當爲之捍禦, 意豈專在於我乎？而乃敢指此, 邀功於我, 必欲五船之還受, 商物之滿貿, 以爲鎭海捍賊之費, 其爲巧諉, 斷可識矣。況五船不可許, 滿貿不當請, 前已反覆論諭, 今何以異於前乎？歲遣之船, 往來絡繹, 如有欲言之事, 附之歲船, 自可相通, 豈必更有特遣船耶？授職倭人年久者不接, 非獨貴島之倭爲然, 乃授職諸倭通行事例, 今豈可爲足下一時之請而輕變其舊約乎？大中小三船差等, 格倭限數, 非自今始, 載在約條。

水柵之立, 薺浦之塞, 亦設險守國之常道。國家雖以恩信待倭, 豈宜幷與藩籬而可撤乎？況今合待釜山, 自無患苦於貴島, 何必欲通薺浦之路乎？譯官李貴淸前因本道監司請罪, 已下獄除名矣。顧其所犯, 無甚關於貴島, 及其懲艾之後, 不宜終棄, 故復其任耳。今乃擧日本倭人之事, 多肆憤狠, 至謂朝議之飜手, 何言之傲悖而不審耶？國家用法有常, 豈以足下之私憤而有加乎？至於庚戌歲船之後至者, 勿接而移計於次歲, 此非新法, 亦非獨貴島然也。其他歲一來朝之船, 年條不及者, 一體勿接, 曾已約法知會, 故庚戌後至之船, 遵此約而處之。足下不念前約, 不思反己, 而徒懷恨望, 其可乎？

大抵爲下者當謹修其職貢, 不敢干紀而希恩, 爲上者當勿

---

182 相：上本에는 없고, 상란 부전지에 "不下脫相字."라고 하였다.

替其懷來, 不宜越典而濫惠, 然後上下之道得而無患矣。今有欲輒求, 不得則恨缺, 固足下之失道。若苟徇[183]無厭之請, 縱使作過, 或至難容, 則是亦大朝之誤足下也, 故不得不以信義裁之約條處之, 非有所靳於其間也。進上大刀、丹木, 照數啓納。循例回酬虎皮, 啓付回使, 至可領納。不宣。

KNW076(書契修答-2)(癸卷8:51右)(樊卷8:51右)
禮曹答對馬島主[184]

伻來辱書, 德履綏勝, 良慰良慰。進上大刀、丹木, 謹已轉納, 但來喩懇祈約條之改, 且以胡椒、丹木商貿爲請, 夫我國之於貴島, 但有歲例賜物, 而商物貿易, 則在前所無之事。往在庚戌年, 貴島欲以胡椒若干斤來貿, 朝廷俯徇[185]遠情, 權許略貿, 此乃一時之特恩, 後不當援以爲例, 而有頻煩之請也。故辛亥之再請也, 旣喩以不可從之意, 不啻丁寧矣。足下何以僥前恩違舊條, 復以此冒請乎? 此決不可開許也。

　且我朝以貴島世效忠勤, 鎭守海服, 勞績可嘉, 故歲有賜

---

183 徇 : 庚本·擬本·甲本에는 "循"으로 되어 있다. 樊本·上本에는 "循"으로 되어 있다.

184 丁卯年(宣祖 즉위년, 1567년, 67세) 8월 1~8일경 서울에서 쓴 것으로 추정된다. 初本에는〈答對馬島主書〉로 되어 있으며, 행간 부전지에 "禮曹"라고 하였다. 中本의 상란 부전지에 "見手錄, 《文藁》."라고 하였다.

185 徇 : 庚本·擬本·甲本에는 "循"으로 되어 있다. 樊本·上本에는 "循"으로 되어 있다.

物，恩數優渥，無以復加。旣爲之明立約條，彼此之間，當永遵守，堅如金石，可矣，今足下乃以濫溢之求，欲壞畫一之條，何可得耶？顧以足下意望之厚，大朝不欲徒然而拒之，故歲賜米豆一百石外，特賜米豆幷三十石，至可領悉，今後，商貿之事，永勿來請。

歲朝之倭不及年限者，雖不關利害，亦係於情弊，故以次年條推移接待矣，今亦以足下之言，雖有不及限者，當照舊許待矣。譯官李貴淸之罪，朝廷旣以國典治之，曾已節次諭知。此何等細故，而至今强聒不置耶？非惜一貴淸也，罪不可再治故耳。足下其思之。

諸島倭人通結明商，旣作耗於上國，亦漂犯於我疆，若此奸賊，豈曰常無？亦豈曰常有？當其無也，勿譸張以要挾；及其有也，實通報而捍禦，此貴島事大以誠、竭力效忠之道也。可不勉哉！可不勉哉！歲遣船點數船夫，雖載約條，事涉猥瑣，今從優假，勿令如前點數。

凡此皆滌垢酬功之意，出於尋常萬萬，惟足下思畏大之道，戴包荒之恩，毋蹈前非，益勵忠節，勿煩違約之請，永享維藩之福，豈不幸甚云云。

KNW077(書契修答-3)(癸卷8:52左)(樊卷8:52左)

禮曹答日本國左武衛將軍源義清[186]

　使至辱書, 承鎭候康廸, 忻慰無量。往者, 尊先祖之於我朝, 嚮風慕義, 通修信好相驩也, 而中間闃然不繼, 頗用爲訝。今足下嗣德追先, 乃欲復修舊好, 遠涉鯨波, 遣使致禮, 其意甚善。敢有不承？來獻禮物, 謹已轉啓收納矣。

　　第所諭壬子歲出來宜春西堂事則不然也。今請槩擧其所以不接之由, 足下姑徐而審聽之。彼時宜春, 旣稱貴殿使价而來, 若其奸情謬跡, 不至大顯著, 則在我朝世好之義, 豈有不接之理？顧以宜春不獨變易名字爲可疑。彼於其前, 以小二殿使送致命回還, 旋卽稱貴使以來, 據自此發去之日, 考自彼再到之時, 纔若干月日耳。前使不可不躬報, 後使又不可遙授, 其海陸之往復, 日月之淹速, 萬萬不相及之勢, 彼無縮地之術, 寧有萬回之能？朝廷用是爲疑, 遣禮官譯審, 則宜春所答, 遮前露後, 欲巧反拙, 卒之辭窮面赧而不能辨矣。往在再去辛卯年間, 有西華西堂者, 齎貴殿書契以至, 我國接待遣還。及至甲午歲, 國王使正球首座之來, 國書稱"前此巨酋通信人等, 皆是中間詐僞"云。於是, 始知西華之僞來, 乃於正球之回, 備情通報, 想於貴國典故內, 具載之矣。夫西華之僞, 發於後時, 宜春之僞, 覺於當日。發於後時者, 固不足多辨, 覺於當日者, 尙

---

186 丁卯年(宣祖 즉위년, 1567년, 67세) 8월 1~8일 서울에서 쓴 것으로 추정된다. 初本에는 〈答日本國左武衛將軍源義清書〉으로 되어 있고, 행간 부전지에 "禮曹"라고 하였다. 中本의 상란 부전지에 "見手錄、《文藁》。"라고 하였다.

可以貴使之禮接之乎?

且國莫重於信, 禮莫大於名。名者何? 實之對也。彼宜春名爲貴使, 而其實之不掩如彼, 雖欲接待, 如禮之不順何? 不順於禮而强待之, 是不以誠信接使价, 乃欺使价, 以欺貴殿也。兩國交好, 信使往來, 而以相欺爲禮, 其於守國之道, 何如也? 此非特我朝之所斥, 謂亦貴殿之所大惡也。故其時廷議, 不接以使禮, 而猶以泛倭待之, 所過館穀及過海糧, 無不瞻給, 豈有使之飢窘者耶? 意或宜春忿不遂計, 不待糧至而徑去, 此則非朝廷使之然也。然亦由我鎭將不及周旋之所致, 故卽追究鎭將, 而重治罪矣。

今惠書懇複, 累數百言, 謂我棄禮之本, 違古例不接來使, 雖所以見責之意則當矣, 然我國前承國王諭, 知西華之詐狙, 又灼見宜春之跡與西華無異。故欲爲貴殿發此僞濫, 將以正名責實, 堅守國信, 以爲永世相好之道耳。我國固非棄禮, 亦非不愛禮, 足下何不諒之深耶? 天無二日, 民無二王。春秋大一統者, 乃天地之常經, 古今之通義也。

大明爲天下宗主, 海隅出日[187], 罔不臣服, 亦貴國之世修朝貢者矣。其限年許朝之命, 雖未知因何而有此, 以勢料之, 閩、浙奸民, 駕舶越海, 與貴境之人, 射利交通, 致啓爭鬨, 互爲邊害, 此乃大明之所大[188]禁。豈故縱之使然哉? 貴邦不務戢

---

187 出日 : 初本·中本·定本에는 "日出"로 되어 있다. 庚本·甲本에는 "日出"로 되어 있다. 擬本에는 "日出"로 되어 있고, 부전지에 "日出本乙"이라고 하였다. 養校에 "手本, 出日"이라고 하였다.

188 大 : 上本에는 "□"로 되어 있다.

諸島交通之非, 而反斥大明不施仁義, 豈不誤哉? 伐國之問, 不及於仁人, 況於干名犯義以侵上國之地乎? 我國但知樂天畏天, 其他非所聞也.

示喩倭船之往來上國者, 若漂到我境, 冀欲全活, 是則然也. 我與貴國, 世篤隣好, 貴國之赤子, 亦吾之赤子, 若漂到倭人, 去兵呈身, 明控來由, 則非唯無殺, 亦當資給護還. 如其不然, 悍然執兵, 出沒島浦, 剽刦爲事, 不肯委命吐款者, 則顯係海賊, 各邊鎭將, 不得不登時勦討, 玆固約條之所嚴, 而貴邦之所明知也, 其審圖之. 商物之貿, 自當有紀, 適又因歲失稔, 費出不贏[189], 雖欲勉副厚望, 不可得也. 只許綿布一千五百匹交貿, 良用缺然. 餘祈珍重, 不宣.

BIW078(策-1)(樊遺外卷7:1右)

問云云【先生十一代孫晩浩家藏.】[190]

對: 周詩以後, 以詩名家者, 不知其幾人也; 唐宋以來, 尙論詩家者, 亦不知其幾人也. 能因尙論之說, 以觀其人之詩, 則其於詩學, 思過半矣. 今執事先生發策秋闈, 特擧詩家數子之事, 以及諸儒之論而下詢承學, 偉哉! 問也! 愚雖不敏, 其敢

---

189 贏 : 上本에는 "□"로 되어 있다.
190 癸巳年(中宗28, 1533년, 33세) 가을에 쓴 것으로 추정된다.《退溪先生年表月日條錄》에서는〈退溪先生全書遺集目錄〉에 이 글의 제목이 "詩家策"으로 되어 있고, 본문에 "秋闈"라는 말이 나오는 것에 근거하여, 이글을 癸巳年 가을 大科 初試, 즉 慶尙道 左道 鄕試에 응시했을 때 제출한 것으로 추정하고 있다.

無說以對？

　　竊謂詩之爲道，本於性情而發於言詞者也，故有敦厚之實者，其辭和正；有輕躁之心者，其辭浮華。本深而末茂，形大而聲宏，其爲人也，苟有忠愛之大節，則其發而爲詩者，亦豈常人之所可及哉？是故，自漢以下，詩人之工詞繪句者，不爲不多，而其能震耀於當時，雷轟於百代者，不過一二人而止耳。然而或有偏長而造其極者，或有兼衆善而有之者，而皆能得三百篇之遺旨。雖其出處心事之間，似若不同，而皆出於忠君愛國之誠。是以，其所成就如此其卓卓也。是雖諸儒之說各有所主，而其大致不外是矣。

　　請因明問而陳之。晉之淵明，天資夷曠，學問淵博，以耿介拔俗之標，高不事二姓之心，其英風偉節，有非常人之窺測者。故其爲詩也，亦沖澹閑雅，若無意於句律，而造語天成，立意淳古，使讀而味之者，有脫畧塵埃，儵然獨立於萬物之表之意。豈非節義之本於中者旣厚，故言詞之暢於外者，不期然而然乎？故論者謂詩家之視陶潛猶孔門之視伯夷，豈不以淵明之於詩，獨得其清高淳雅之一節而能造其極，猶伯夷之於聖人，獨得其清而能造其極也歟？

　　至若子美之詩，則異於是，生于盛唐之時，得其光嶽之全，追踪乎風雅，陵駕乎屈、宋，忠愛之誠，出於天賦，憂時感事，觸目皆然。故〈北征〉之篇，作於倉卒，而諄復乎國事；〈慈恩〉之詩，作於遊遨，而意在乎天寶。其不爲空言也，類如是。故《唐史》稱其爲詩史，先儒擬之於六經。然則集諸家之所長，會衆流而一之者，其不在玆乎？故蘇子之論詩，以集大成稱之，其言信矣。奈之何後之輕議先輩者，以爲置嚴武於〈八哀〉，出於私情, 甚矣! 言之不思也。盍嘗觀於平生之大節乎? 秋霜氣槩, 砥柱中流, 其肯懷豢卷之私而苟有所稱引哉? 若其《文選》之尙, 則亦有說, 爲泰山之高者, 不棄土壤; 就河海之深者, 不辭涓流。況《文選》之編, 上遡西漢, 下及魏晉, 文章之或美或惡, 靡不具載。是則子美非專主於《文選》, 取其長而已, 《文選》非所弊於唐詩, 唐人自爲之弊耳。人之言曰"兼衆人之長者必至於大成。"其此之謂乎! 是以, 前乎漢、魏之詩, 會極於杜而無異趣也; 後乎宋、元之詩, 宗仰於杜而無異辭也。是故, 雖以蘇、黃、兩陳之勃興於騷家, 莫不以杜詩爲古今之冠, 稱之不容口, 慕之不啻己而[191]。獨歐陽公嘗有俗氣之論, 此意殊不可曉也。然其擧老夫清晨梳白頭之句, 亦嘗見屈於劉仲原之辯, 則歐公之爲此論, 不過歎服韓詩之過而偶發言耳, 學者未可以是訾短於杜也。嗚呼! 爲詩而不本於德行者, 必有浮薄之弊, 此古今之通患而世人之所詬病也。不知《詩》之三百, 可以見聖人之情性? 苟能先立乎其大者, 則其英華之發, 煥然赫然者, 皆其緖餘耳。然則世之學詩者寧不以忠愛爲之本哉?

　　執事於篇終, 又教之曰"諸生所友而主者何人歟?"尤以起愚生之感也。愚也, 窮經之暇, 亦嘗窺覰乎詩之門戶, 而猶未覩其堂奧也, 何敢議先賢之高下而有所去取哉? 雖然, 嘗聞晦菴之言曰"學詩須從陶、柳門中來。"則陶詩之不可不學也, 固矣。然學詩之法, 其猶學問之道也。昔者孟子之論學, 不以伯夷、伊尹自處而曰"乃所願則學孔子也。"然則諸生之所當效

---

191 慕之不啻己而 : 上本에는 "慕之不啻而已"로 되어 있다.

法而師仰者，舍詩壇之聖，奚以哉？若乃風聲節義之聳慕而爲詩之本者，愚當三浴三熏之不暇矣，何有先後於二子之間哉？謹對。

校勘標點 **退溪全書** 3

2025년 7월 15일 초판 1쇄 펴냄

지은이 이황
펴낸이 김흥국
펴낸곳 보고사

등록 1990년 12월 13일 제6-0429호
주소 경기도 파주시 회동길 337-15
전화 031-955-9797
팩스 02-922-6990
메일 bogosabooks@naver.com
http://www.bogosabooks.co.kr

ISBN 979-11-6587-880-1 94150
　　　979-11-6587-751-4 (세트)

정가 30,000원
사전 동의 없는 무단 전재 및 복제를 금합니다.
잘못 만들어진 책은 바꾸어 드립니다.